EL MASAJISTA
DE ALMAS

Josecho Vizcay

EL MASAJISTA
DE ALMAS

**Una invitación al aprendizaje
y a la superación para cada día**

Prólogo de Francesc Miralles

EDICIONES OBELISCO

Si este libro le ha interesado y desea que le mantengamos informado
de nuestras publicaciones, escríbanos indicándonos qué temas son de su interés (Astrología,
Autoayuda, Ciencias Ocultas, Artes Marciales, Naturismo, Espiritualidad, Tradición…)
y gustosamente le complaceremos.

Puede consultar nuestro catálogo en www.edicionesobelisco.com

Colección Espiritualidad y Vida interior
EL MASAJISTA DE ALMAS
Josecho Vizcay

1.ª edición: noviembre de 2017

Maquetación: *Marga Benavides*
Corrección: *M.ª Ángeles Olivera*
Diseño de cubierta: *Enrique Iborra*

© 2017, Josecho Vizcay
(Reservados todos los derechos)
© 2017, Ediciones Obelisco, S. L.
(Reservados los derechos para la presente edición)

Edita: Ediciones Obelisco, S. L.
Collita, 23-25 Pol. Ind. Molí de la Bastida
08191 Rubí - Barcelona - España
Tel. 93 309 85 25 - Fax 93 309 85 23
E-mail: info@edicionesobelisco.com

ISBN: 978-84-9111-276-1
Depósito Legal: B-23.215-2017

Printed in Spain

Impreso en España en los talleres gráficos de Romanyà/Valls S. A.
Verdaguer, 1 - 08786 Capellades (Barcelona)

*Dedico este libro a mi madre, Vitori, por la valentía
que sigue demostrando después de ochenta y siete años.*

A mis hijos, Javier, Arancha e Icíar porque son el sentido de mi vida.

*A mis hermanos, Iñigo, Pedro y Pachi,
por todo lo que me han enseñado.*

*A mis nietos, Izan, Mario y Claudia,
porque me iluminan con sus sonrisas.*

*A mi incansable compañera, Teresa, por haber hecho
que mi admiración hacia ella sea infinita.*

*Y por último a mi padre, José Luis, porque aunque se fue muy pronto,
su ejemplo ha estado presente siempre en mi vida.*

Digámosle simplemente amor

Prólogo de Francesc Miralles

En los veinte años que llevo dedicado al periodismo de psicología y espiritualidad, entre otras cosas, a menudo me preguntan qué escuela o enfoque terapéutico considero que funciona mejor. Aunque desde un punto de vista teórico tengo mis preferencias, mi respuesta siempre es: «Depende de la persona que vaya a ocuparse de ti».

Aunque no soy afín al psicoanálisis, no tengo duda de que Freud era muy efectivo en su consulta, porque tenía pasión y entrega, el «amor al paciente» de los médicos de antes. Del mismo modo, cualquier disciplina terapéutica puede ser eficaz si quien la aplica es alguien que, más allá de sus competencias, está lleno de humanidad y compasión, es capaz de escuchar activamente y darse al completo a la causa que ponen en sus manos.

Esos son los atributos de Josecho Vizcay.

Mi relación con el *coaching* antes de conocerle era casi nula. Tengo algunos amigos que trabajan en ese ámbito, pero jamás me había interesado por cómo es una sesión y los objetivos que se persiguen.

A través de un editor portugués a quien tengo en gran estima, una noche cenamos juntos con Josecho en Madrid. Enseguida me sedujo su carácter afable y humilde. Pese a tener un currículum envidiable, no es de los que se dan importancia ni proclaman sus éxitos. Al contrario, su atención está siempre enfocada a las necesidades de los demás.

Enseguida me preguntó lo que hacía, si me gustaba, se interesó por mi pareja, por su situación profesional, por los sueños y proyectos de ambos… Un poco como los médicos de familia de los que hablaba antes, alguien que puede actuar porque conoce de cerca la vida cotidiana de sus pacientes.

Como yo también soy de preguntar, contraataqué queriendo saber qué se llevaba Josecho entre manos. Ésa fue la primera vez que oí hablar de *El masajista de almas*. Me encantó el título y me pareció un enfoque apasionante empezar con los casos prácticos contados por el autor o por sus clientes.

Así como una imagen vale más que mil palabras, un ejemplo práctico enseña más que mil teorías, ya que a través de él puedes entender la evolución de la persona, el viaje que le lleva de lo que es a lo que puede ser.

Al leer las 22 historias que componen este libro, comprendí de forma muy clara el trabajo de Josecho que, más que un *coach*, como dijo un amigo suyo, es masajista de almas.

Siendo consciente de que tenía un diamante en bruto entre manos, tras leer aquel primer manuscrito, le sugerí que añadiera a cada testimonio una parte práctica para que los lectores pudieran aprender algunos conceptos relativos a cada caso.

Hecho esto, además de 22 historias de superación, este libro permite incorporar a la propia vida el poder de la empatía y de la buena comunicación, a la vez que nos enseña a superar los miedos y limitaciones que ponemos de forma artificial en nuestro camino.

Mi admiración por Josecho y por su trabajo tiene especial mérito, porque debo confesar que antes de conocerle no me atraía el *coaching*. Matizaré esto último: no me atraía porque hay muchas personas que ejercen sin haberse trabajado antes suficientemente.

El autor de este libro es un caso aparte, ya que es un sabio y un maestro de la vida cotidiana. Por este motivo, hace poco recomendé a una amiga empresaria en apuros que no dudara en contar con sus servicios cuanto antes.

Con independencia de su formación, que ha sido extensa, Josecho, más que masajista, es un médico del alma. De esos que tienen amor al paciente, al cliente o al *coachee*, como se denomina técnicamente a quien entra en un proceso de *coaching*.

Las etiquetas dan igual.

Lo que Josecho ofrece trasciende los principios del *coaching* y de cualquier otra disciplina.

Digámosle simplemente amor.

FRANCESC MIRALLES

*«Lo hermoso del desierto es
que en cualquier lugar esconde un pozo».*

Antoine de Saint-Exupéry

1. Un paseo revelador

Carla Urroz[1]

«Una mujer a los 42 años, empresaria, no tiene tiempo para soñar», le escuché decir en varias ocasiones a Carla Urroz, directora financiera de una empresa familiar ubicada en la meseta castellana.

De carácter fuerte, estaba acostumbrada a trabajar duro y a negociar con directivos a un nivel de máxima exigencia. Era una persona muy curtida.

Al colaborar con ella, en mis primeras impresiones, observé que Carla tenía un gesto serio, distante. Parecía siempre muy alterada, con un tono de voz elevado y crispado. En muchas ocasiones se encontraba irascible y era de difícil acceso, tanto a nivel profesional como personal. Desempeñaba muy bien sus funciones técnicas, pero estaba alejada del equipo y no parecía feliz.

Desde el comienzo, había manifestado su rechazo al proceso de *coaching* que había establecido su hermano mayor Luis, director general de la empresa. Los continuos enfrentamientos entre miembros de la familia, que repercutían negativamente en la productividad de la organización, eran el principal motivo por el que yo estaba allí. Carla no había aceptado que una persona extraña entrara en su empresa y en

---

1. Los nombres de todos los personajes que aparecen en este libro son ficticios para preservar su identidad.

su vida, para ayudarles a mejorar procesos, comunicación y, en última instancia, la tan necesaria productividad. Sin embargo, por último accedió a colaborar.

Una mañana estábamos trabajando en su abigarrado despacho en dos objetivos prioritarios: uno, era la dura negociación para refinanciar varios préstamos bancarios, y el otro, la mejora de la comunicación entre departamentos. Fue entonces cuando me percaté de que Carla no me seguía. Estaba como ausente, con la mirada perdida. Yo diría que se había cerrado en su coraza.

La observé durante unos segundos en silencio y luego le comenté:

—Carla, quizás sea mejor que salgamos de aquí y vayamos a dar una vuelta por el campo. Así podremos seguir nuestra conversación en un ambiente despejado.

Con un tono más de desidia que de convicción, me respondió:

—Ah, como quieras… Tú eres el *coach* y quien determina los entornos más favorables para mi desarrollo personal –añadió con ironía.

Salimos del edificio sin mediar palabra. Era una preciosa mañana de primavera. Un sol suave nos envolvía. Olía a monte, a trigo, a madera vieja y a gasolina de tractor. Mirásemos por donde mirásemos, todo era color, paz y armonía. La mañana invitaba al paseo.

Comenzamos a caminar mientras Carla seguía empecinada en su discurso, insistiendo en que los bancos eran unos ladrones con sus tipos de interés, que los proveedores no hacían más que estrangularlos con sus exigencias y que los clientes cada vez pagaban más tarde y peor.

En este punto, me detuve y le dije:

—Carla, silencia un momento tu mal humor y dime qué hay de bueno en todo lo que nos rodea.

—¡Nada! –me gritó–. No veo nada ni siento nada por lo que hoy pueda estar contenta ni agradecida. Nada, Josecho.

—Por favor, Carla. No te he preguntado por qué no estás contenta ni agradecida. Lo único que te pido es que intentes extraer algo bueno de lo que nos está sucediendo en este momento.

Tras dirigirme una mirada furiosa, dijo:

—Lo único que me está sucediendo en este momento, Josecho, es que estoy dejando de atender los asuntos urgentes de mi despacho, que tengo calor y voy a empezar a sudar en cualquier momento, y que, además, como estamos apartados del pueblo, va ha haber habladurías entre las cotorras de siempre y alguien irá a mi madre o a mi marido a preguntar qué hacía yo, a las doce del mediodía, con un desconocido con corbata por el campo.

—Mira, Carla –le contesté sin perder la calma–. Hace un día maravilloso y hemos salido un rato del despacho a respirar aire puro en este entorno privilegiado. Necesitabas descansar un rato de tus obligaciones frenéticas, reflexionar viendo el monte lleno de vida, las flores, los insectos, las nubes, los pájaros…

—¡Qué fácil! Como tú vives en Madrid y estás metido siempre en tu jaula, ahora vienes aquí a enseñar a estos pobres pueblerinos lo que ya tenemos desde siempre. ¡Hay que jorobarse!

—Por favor, Carla, detente un momento. ¿No escuchas los trinos de los pájaros?

—¡Basta ya! Tú los escuchas porque no estás acostumbrado, pero a mí no me interesan lo más mínimo.

—Es cierto, Carla, vivo en Madrid, pero, afortunadamente, desde mi ático puedo ver y oír cada mañana los gorriones. Estoy encantado con sus trinos, me hacen más agradable el día y si no los escucho parece que me falta algo. Lo que a ti te sucede es que estás tan obcecada en tu trabajo y tus preocupaciones que no escuchas nada, sólo tu ruido. Te encierras en tu despacho a quejarte de todo, mientras lo que te rodea, tu entorno, tus compañeros, tu familia, te esperan fuera. Pero tú miras para otro lado. Sí, para ese lado de gruñona que adoptas. ¿No quieres sonreír porque te salen arrugas, o es que no sabes sonreír?

Carla se quedó mirándome. Ya no parecía enfurecida, más bien triste y pensativa. No dijo nada. Se limitó a pedirme con un gesto que volviéramos al despacho. Así terminamos nuestra sesión de aquel día.

Seguimos trabajando varios meses más hasta que todos los miembros de la familia fueron alcanzando sus objetivos.

Tiempo después de haber finalizado el proceso, recibí un correo electrónico de Carla en el que me saludaba y me pedía que por favor la llamara por teléfono. Me sorprendió. Aquella misma semana la llamé.

—¿Pasa algo, Carla? ¿Qué tal estás? ¿Tus padres están bien? ¿Y tus hermanos?

—Sí, sí, todo y todos estamos bien. Josecho, yo te llamaba para… –y se quedó en silencio–, yo te llamaba para darte las gracias.

—Carla, no tienes por qué darme las gracias, soy yo quien debo daros las gracias a vosotros por vuestra confianza.

—No, no quiero darte las gracias por lo que has hecho con mis padres ni con mis hermanos, ni con la empresa… Quiero darte las gracias, porque gracias a ti y a la manera en que aprendí contigo a ver las cosas… –Se quedó callada un instante–. Desde entonces, Josecho… todos los días escucho cantar a los pájaros.

COMENTARIO

Este relato nos habla de una persona cargada de creencias limitantes que le impiden sentirse bien y la mantienen atrapada en su rol. En un momento del proceso, las preguntas del *coach* provocan en Carla una toma de conciencia y un punto de inflexión.

Éste es el primer paso para que ella realice su cambio, observando y apreciando todo su entorno, y dejando de vivir aislada y focalizada en su papel de empresaria angustiada.

Abandonar esa situación y aceptar el valor de todo lo que la rodea convierte a Carla en una persona más feliz.

El cambio de observador

Este caso del primer capítulo es una muestra clara de cómo la solución a nuestros problemas está, a menudo, en dirigir la mirada en la dirección adecuada o en ampliar nuestro foco.

El *coaching* ayuda a las personas a buscar nuevas formas de observar, a ampliar esa mirada, a generar alternativas que antes no veía, y en definitiva, a incorporar distinciones que le proporcionen una nueva perspectiva, y por tanto, nuevas acciones.

Cuando la perspectiva cambia, toda nuestra realidad cambia. Ése es justamente el trabajo de un *coach:* invitar a las personas a que observen desde diferentes puntos de vista.

Si te sientes agobiado, atrapado, o notas que oscuros nubarrones te siguen allí donde vas, hazte las siguientes preguntas:

- ¿Tiendo a fijarme más en los aspectos negativos de las cosas que en los positivos?
- ¿Hay una manera distinta de mirar las cosas en la misma realidad en la que vivo?
- ¿Qué sucedería si mirara al lado soleado de la vida?

Todos estamos acostumbrados a ver la vida de determinada manera.

Hay personas que tienden de manera natural al optimismo y *eligen* –porque, de hecho, es una elección– ver siempre el lado bueno de las cosas. Ningún obstáculo les parece insalvable y, cuando algo se tuerce, están seguros de que pronto se resolverá.

En el otro lado del espectro, hay personas, como la protagonista de esta historia, que sólo miran al lado desagradable de la realidad y edifican su sufrimiento en ese enfoque único negativo.

Si ése es el caso, la labor del *coach* es ayudar a que puedan realizar un *cambio de observador.* Cuando, en lugar del observador negativo, ponemos a otro que se focaliza en la luz, en las soluciones y posibilidades, la realidad que nos rodea se transforma de inmediato.

«Aunque nada cambie,
si yo cambio, todo cambia».

HONORÉ DE BALZAC

¿Por qué nos cuesta cambiar?

La respuesta es tan sencilla que puede abrumarnos por su obviedad: *la mayoría de personas tiene la creencia de que cambiar es difícil*. Y esa convicción es justo lo que le impide atacar los cambios, ya que ni siquiera lo intenta.

Éste es el motivo por el que mucha gente se queda estancada con actitudes y hábitos que paralizan su vida y claramente la perjudican.

Sin embargo, la realidad es que, con independencia de la edad y situación de la persona, *todos podemos cambiar*. Si no lo hacemos es por pereza, por miedo a salir de nuestra zona de confort, o por esa creencia de que cambiar es imposible.

Creencias limitantes

Este tipo de juicios nos convence de que cambiar es imposible. Hay muchas otras *creencias limitantes* que nos mantienen fijos en escenarios de vida que no nos procuran la felicidad ni nos acercan al éxito.

La empresaria que hemos conocido, directora financiera de una empresa familiar, llevaba 16 años como directiva y se había convencido de que «una mujer a los 42 años, empresaria, no tiene tiempo para soñar», en sus propias palabras.

Éste es un caso típico de *persona atrapada en su rol*, alguien que vive parapetado, defendiéndose constantemente, y que cree que no puede vivir de otro modo que como lo está haciendo.

> «Las dificultades reales se pueden superar,
> sólo las imaginarias son invencibles».
>
> THEODORE NEWTON VAIL

Pararse a pensar

Álex Rovira dice que los seres humanos cambiamos *por reflexión* o *por compulsión*. Es decir, o a través de la toma de conciencia de un cambio necesario –dejar de fumar, cerrar una empresa, abandonar una relación tóxica– o a causa de una catástrofe grande o pequeña –enfermedad, ruina, ruptura imprevista– que nos obliga a cambiar.

Carla me permitió acompañarla, impulsada por la necesidad de romper con la cadena de pensamientos negativos que dominaban su vida. *Muchas de las cosas que nos decimos a nosotros mismos son ruido.*

A partir de nuestro paseo en el campo, se abrió la puerta a una nueva mirada que le demostró que sí había un mundo en el territorio de la serenidad y los sueños.

Don Leonardo Polo, profesor de Filosofía de mi universidad, nos decía que «pensar es pararse a pensar». Cuando detenemos el huracán de las prisas, cuando las aguas turbulentas de nuestra mente se quedan por fin en calma, logramos prestar atención a lo bello e importante.

Una madre puede no oír la sirena de una ambulancia por la calle a las 4 de la madrugada, pero escuchará el suspiro de su hijo pequeño que está tres habitaciones más allá.

En el caso de Carla, al pararse a pensar volvió a soñar. Y por lo tanto a vivir, ya que en el momento en el que se acaban nuestros sueños se acaba nuestra vida.

PREGUNTAS AL LECTOR
- ¿Eres consciente de todo lo que te rodea o tiendes a obcecarte mirando en una sola dirección?
- ¿Qué aspectos de tu vida crees que puedes cambiar o mejorar?
- ¿Cuál es el primer paso que vas a hacer para realizar estos cambios?
- ¿Cuándo vas a empezar?

Un ejercicio para ampliar miras

En muchas ocasiones estamos tan encerrados en nuestro mundo –a causa de nuestras preocupaciones, miedos, creencias, intereses, etc.– que dejamos de atender lo que verdaderamente tiene valor en nuestras vidas.

Lo urgente casi siempre se impone a lo importante, con lo que las ramas no nos dejan ver el bosque. Sin embargo, al final de la vida no nos sentiremos orgullosos de habernos preocupado mucho o sacrificado nuestra vida personal para el trabajo. Al contrario, apreciaremos aquellas cosas de valor que hayamos hecho con nosotros mismos y con los demás.

En mi trabajo con personas como Carla, a menudo les invito a hacer el siguiente ejercicio al que te propongo que te sumes:

1. Ponte de pie y sitúate frente a una pared. ¿Qué ves?
2. Si tu respuesta es «una pared» y yo te pregunto: «¿Y qué más?», seguramente me responderás nuevamente: «una pared».
3. Ahora escucha la siguiente reflexión: esta pared pertenece a una habitación donde también hay muchas otras cosas. La siguiente pregunta sería: «¿Qué te está impidiendo ver lo que tienes a tu alrededor? ¿Puedes dirigir la mirada en otra dirección?».
4. Si la respuesta es afirmativa, aplícate este ejercicio simbólico cada vez que te sientas encerrado o lo veas todo de color negro.

LOS 22 «QUÉS». 1.° ¿QUÉ HAS HECHO HOY QUE MEREZCA LA PENA?

Es bueno y conveniente cumplir con nuestras obligaciones, e incluso es inevitable preocuparse y enfadarse ante las cosas que nos suceden cotidianamente. Sin embargo, cada día es una oportunidad de la vida para realizarnos y ser felices, ya que no sabemos cuál va a ser nuestra última jornada sobre la Tierra.

Como parte del proceso de mis *coachees*, a menudo les hago varias preguntas diarias para que vayan trabajando en su desarrollo –en este libro nos haremos muchas más–, y la primera es la que encabeza este recuadro.

Olvídate por un momento de los problemas que has tenido que afrontar hoy, de las imperfecciones e injusticias del mundo. Pregúntate cuál ha sido esa cosa que has hecho hoy que da valor y sentido a tu día.

Si tu respuesta fuera «ninguna», trabaja mañana para cubrir esa obligación existencial. Porque, como decía Stevenson, el autor de *La isla del tesoro*, «No hay deber que olvidemos tanto como el de ser felices».

2. El hombre sin alma

Gonzalo Aoiz

Juan Luis tenía ya sesenta y muchos años, y, en el ocaso de su carrera, había decidido crear una consultoría que se había convertido en el referente de su sector. Una mañana me llamó a su despacho.

—Josecho, te necesito. Estamos trabajando con una empresa muy relevante de Andalucía y me gustaría que fueras tú quien lideres un proceso de *coaching*. –Hablaba serio y con rotundidad–. Se trata de un tema muy delicado entre un padre y un hijo. Hay, por medio, años de desencuentros, conflictos, chantajes y, en definitiva de sufrimiento. Paco es un hombre con un gran corazón que quiere mucho a su hijo, pero no se entienden. Me gustaría que los vieras y me dieras tu opinión profesional. No te quiero influir, pero creo que Gonzalo, el hijo, somete a la familia a fuertes presiones si no consigue lo que quiere. Vamos, que es un niño mal criado.

—No te preocupes, Juan Luis. Voy a poner todo mi empeño en ayudar a esa familia, no lo dudes.

Unos días más tarde, visité la empresa. Don Paco salió a recibirme con exquisita amabilidad. Me apretó la mano acompañando su brazo izquierdo hasta mi muñeca. Con acento cerrado andaluz, me hizo pasar a su despacho y sin dilación comenzó a contarme:

—Creé este negocio hace muchos años con muy poco capital pero con mucha ilusión. Hoy es lo que es gracias al esfuerzo de mi mujer, de mis trabajadores y del mío propio. Muchas noches sin dormir, muchos desvelos, muchas angustias y, cómo no, muchas satisfacciones. Como puedes ver en este despacho, ostentaciones, pocas.

Hablaba atropelladamente, como si quisiera contármelo todo en un minuto. Había miedo en sus ojos y sobre todo mucha tristeza.

—Me llevo bien con todo el mundo, menos con mi único hijo. Dios no ha querido darme más descendencia. Yo siempre le di todo y más, pero nuestra relación se torció cuando llegó a la universidad. Empezó a frecuentar malas compañías y dejó la carrera. Me lo traje a la oficina para que me ayudara, pero siempre estaba protestando, que si el sueldo, que si a él no le hacían caso, que si eran muchas horas… Últimamente no sé lo que le pasa. Me evita en la empresa y no va por casa para ver a su madre. Casi no conozco a mis nietos…

Esta situación de conflicto generacional ya la había oído muchas veces, pero, en esta ocasión, el protagonista me resultó bastante triste y abatido. Al despedirnos, me abrazó muy fuerte.

Me pasaron a un despacho a la espera de mi siguiente interlocutor. Como tardaba en venir, aproveché para salir a la puerta y comprobar la vorágine de aquel negocio. Era trepidante el movimiento de empleados, teléfonos y despachos.

Transcurrido un largo rato, se abrió la puerta y apareció un hombre joven, de aproximadamente unos treinta y pocos años. Iba elegantemente vestido con un traje gris, sin corbata. Tenía la tez bronceada por el sol del sur y el pelo fijado con gomina.

—¡Hombre! Tú debes ser el tío del que me han hablado –empezó con un exagerado acento andaluz–. Josecho, ¿no? ¿De dónde eres?

—De Pamplona, pero vivo en Madrid desde hace años.

—Bueno, bueno… Así que ¿tú eres el que me va a cambiar?

—No, Gonzalo. Yo no cambio a nadie, y menos si ese alguien no quiere. Los que cambian son los demás y yo acompaño en ese proceso.

—Y ¿qué te ha hecho pensar que yo voy a querer cambiar?

—Gonzalo, mi trabajo aquí, como en otras muchas empresas familiares, es acercar a las generaciones para que se comuniquen mejor. Y tú sabes bien cuál es la situación que me ha traído a tu casa. Juan Luis, al que tú conoces bien, porque has firmado el protocolo de sucesión con él, ha considerado que yo puedo ayudaros a mejorar vuestra relación. Me refiero a la de tu padre contigo o a la tuya con él.

—No te he querido interrumpir porque me suena todo a música celestial. Qué bien hablas, pero hay una cosa que se te olvida, navarro. –Ahora su cara expresaba odio contenido–. Lo único que quiero que cambie es mi padre.

—Entiendo… Todos tendemos a considerar que quien tiene que cambiar es el otro.

—No has entendido nada, tío. Yo. Quiero. Que. Mi. Padre. Se. Muera. ¿Ahora entiendes un poco más?

—¿Cómo has dicho? –pregunté, incrédulo.

—Te lo voy a dejar muy claro: aquí tengo un sueldo que es una porquería y estoy quemado. Siempre tengo que hacer lo que me mandan. No tengo autonomía. No puedo decidir, gestionar, ni dirigir… En definitiva, no soy nadie. Pero si mi padre falleciera pronto, yo podría vender esta empresa a un grupo extranjero que me ingresaría en cuenta unos cuantos cientos de millones.

Me quedé mirándole en silencio. Dentro de mí había una mezcla de incredulidad y de asco. Pero no podía ni debía juzgarle. Yo era el *coach*. Como mi silencio se alargaba y él no se sentía cómodo, me preguntó:

—Ahora que sabes lo que quiero, ¿realmente vas a ayudarme y acompañarme a conseguir mi objetivo?

—No. A ese objetivo, no –contesté con frialdad.

—Pues no hay otro, Josecho –se puso en pie.

—¿Sólo es codicia, o hay algo más que te hace obrar así? –volví a preguntar cada vez más atónito.

—A lo que tú llamas codicia, yo lo llamo libertad.

—Bueno, Gonzalo. –Intenté ser muy claro–. Tu objetivo no me interesa para nada. Yo trabajo para ayudar y me es imposible hacerlo con alguien que desea la muerte de una persona y, más aún, si esa persona es su padre. Estoy en las antípodas de tus deseos. Te diré algo que no he dicho nunca a ninguno de mis clientes: no me mereces ningún respeto.

Me levanté para marcharme y él me increpó.

—Igual resulta que no eres más que un cobarde. Aunque yo siempre he creído que los pamplonicas que corren delante de los toros eran gente más fuerte y más alta que tú –siguió, intentando humillarme.

No le dejé terminar. Salí del despacho procurando no encontrarme con su padre. Tomé un taxi y llegué rápidamente a la estación del AVE que me devolvería a casa.

Al día siguiente, Juan Luis me esperaba para tomar café. No me dijo ni buenos días, estaba ávido de noticias.

—Sabes muy bien que no puedo contarte nada de lo que hablamos en las dos reuniones, ni la de Paco ni la de Gonzalo, pero mi conclusión es muy clara. –Respiré hondo y continué–. Gonzalo necesita otro tipo de profesional. A quien yo estaría encantado de ayudar sería al padre.

—Déjame que hable con él, Josecho. Le presentaré tu propuesta y te digo algo.

Habían pasado un par de meses sin noticias de Sevilla cuando Juan Luis me llamó, de nuevo, a su despacho. Estaba muy serio.

—Josecho, ¿recuerdas que estábamos esperando la aprobación del presupuesto de los sevillanos?

—Sí –contesté con cautela.

—Pues ya no va a ser necesario… –dijo con tristeza

—¿Por?

Me quedé mirándole sin entender absolutamente nada.

—Paco ha fallecido en un accidente de tráfico esta mañana.

Durante años, mantuve una gran inquietud al recordar a Gonzalo y los acontecimientos que se habían producido más tarde. Sus palabras, sus deseos y el fatal desenlace habían dejado una profunda y dramática huella en mi memoria.

Cuando escribí este relato por primera vez, se despertó en mí la curiosidad sobre qué habría sucedido en la vida del hijo de Paco. Siguiendo un impulso, hice de tripas corazón y decidí contactar con él.

Al llamar, una voz femenina me preguntó:

—¿De parte de quién?

Yo me quedé dubitativo, estimando que Gonzalo ya no recordaría ni mi nombre.

—De un amigo de Pamplona –contesté poco seguro.

Pasaron apenas unos segundos hasta que oí al otro lado su voz. Me sonó un poco más grave de lo que yo la recordaba.

—¿Sí? ¿Quién es?

—Gonzalo… Soy Josecho Vizcay, el *coach* –aclaré–. ¿Me recuerdas?

Se hizo un silencio que a mí me pareció una eternidad.

—¡Josecho, por Dios! –exclamó–. No sabes cuánto he deseado que llegara este momento… Muchas veces he sentido la necesidad de hablar contigo.

—¿Y cómo no lo has hecho?

—Ni te figuras cómo resuenan en mi mente las palabras que te dije aquel día… y que no han dejado de atormentarme durante todo este tiempo. No vendí la empresa, Josecho –dijo de inmediato–. No la vendí. Ahora somos punteros en el sector y mis primos me acompañan en las tareas de gestión. Estamos todos muy unidos, y soy consciente de cómo le habría gustado a mi padre ver esto. –Hizo una pausa y continuó–. He pensado tantas veces en llamarte… pero no he tenido agallas. Te he seguido en las redes, e incluso una vez fui a verte en una de tus conferencias, pero entre tantas personas tú no te percataste. Yo me hice invisible. También se fue mi madre… No pudo soportar la ausencia de mi padre, y poco después falleció. Me siento tan culpable… –suspiró–. En fin, que te preguntarás para qué quería llamarte hace tanto tiempo… –Y volvió a quedarse callado–. Pues principalmente para pedirte perdón. Necesito que me perdones.

—No, Gonzalo –intervine yo–. Yo no tengo nada que perdonarte. Eres tú quien necesita perdonarse.

Seguimos hablando durante mucho tiempo.

Después de muchos años, sorprendentemente, volví a Sevilla.

COMENTARIO

En este relato encontramos a un hombre, Gonzalo, que está atrapado en el resentimiento contra su padre. Sólo desea que desaparezca para, entonces, vengarse, vendiendo su empresa.

Sin embargo, el protagonista acaba descubriendo que *el enemigo no era su padre, sino él mismo.* A partir de la muerte del viejo empresario, es cuando toma conciencia de ello, al desvanecerse el objeto de su ira, aparece la culpabilidad.

Gonzalo pasa unos años atormentado por la culpa y es ahora cuando empieza a buscar el perdón.

> «Cuanto más pequeño es el corazón,
> más odio alberga».
>
> VICTOR HUGO

El resentimiento

Rafael Echeverría aborda de manera brillante, en su libro *Ontología del lenguaje,* los cuatro estados de ánimo fundamentales, tanto en organizaciones como en personas:

- *Aceptación*
- *Ambición*
- *Resignación*
- *Resentimiento*

En el caso que ha ocupado este capítulo, Gonzalo consume gran parte de su vida en el resentimiento, un estado de ánimo que destruye a quien lo alimenta, que busca venganza y que sólo se sale de él con el perdón.

Todas las personas nos encontramos en alguno de los estados de ánimo descritos. De los cuatro, los destructivos son la resignación y el resentimiento, y los constructivos, la aceptación y la ambición.

Permanecer en uno u otro es nuestra responsabilidad, tanto si somos organizaciones, como individuos.

Durante el proceso de *coaching*, será el *coach*, practicando la escucha activa, analizando la corporalidad del *coachee*, su lenguaje verbal y no verbal, quien ayudará a descubrir en qué estado emocional se encuentra. Así podrá generar los cambios necesarios en el cliente para que alcance el tan ansiado bienestar.

«Solo puede perdonar aquel que ama».

Papa Francisco

El perdón y la culpabilidad

Desde fuera, podemos ver que alguien como Gonzalo necesita urgentemente una transformación en su vida, pero por muy buenas intenciones que tengamos, el cambio no tendrá lugar hasta que surja de la propia persona en el momento adecuado.

Es preciso «darse cuenta». Cada cual tiene su «tempo» y a veces es necesario pasar por una época de sufrimiento para abrir los ojos a una nueva realidad.

Nosotros no cambiamos a nadie. Son las personas las que cambian, y nosotros acompañamos en ese proceso de «toma de conciencia».

Cuando los argumentos que empleamos para mantener el resentimiento contra alguien se desvanecen, probablemente porque no estaban construidos sobre una base sólida, aparece la culpabilidad, y ya no tenemos coartada para mantener el estado de ánimo negativo. Es entonces cuando se produce el cambio.

¿Cuántas veces nos justificamos, una y otra vez, para mantener el conflicto con alguien?

Una vez nos hemos perdonado, es importante ser conscientes de lo que hemos hecho mal para no volver a caer en algo parecido.

Para escapar de la negatividad que le consume, Gonzalo realiza un apasionante viaje que le lleva a pedir perdón y, finalmente, a perdonarse a sí mismo. Para ello ha debido desarrollar en todo su proceso un análisis amplio y generoso de aceptación, empatía y tolerancia, de la mano del *coach*.

SOMOS RESPONSABLES DE LO QUE SENTIMOS

«Cuando emprendas tu viaje a Ítaca
pide que el camino sea largo,
lleno de aventuras, lleno de experiencias.
No temas a los lestrigones ni a los cíclopes
ni al colérico Poseidón,
seres tales jamás hallarás en tu camino,
si tu pensar es elevado, si selecta
es la emoción que toca tu espíritu y tu cuerpo.
Ni a los lestrigones ni a los cíclopes
ni al salvaje Poseidón encontrarás,
si no los llevas dentro de tu alma,
si no los yergue tu alma ante ti».

Las marcas de los clavos

Una fábula tradicional sobre este tema tiene como protagonista a un niño con un carácter temperamental que constantemente ofendía a los demás y se metía en complicaciones él mismo.

Para hacerle consciente de sus actos, su padre tuvo la siguiente idea: le dio un puñado de clavos y le pidió que cada vez que se comportara mal, clavara uno en la puerta trasera de su casa.

Los primeros días clavó muchos. Eso le supuso un gran esfuerzo, ya que comprobó que no se hundían fácilmente en la madera. A medida que pasaba el tiempo, se dio cuenta de que le era más fácil controlar su mal temperamento que clavar los clavos, así que, poco a poco, fue disminuyendo el número hasta llegar a cero.

Entonces su padre le anunció que, por cada día que pasara sin enfadarse, podría arrancar uno. El niño lo hizo, aliviado, hasta que finalmente no quedó ninguno. Llegado a este punto, se sentó delante de la puerta con su padre, que le explicó:

—Te ha costado mucho esfuerzo clavarlos, pero has hecho bien en arrancarlos. Observa bien la puerta. ¿Ves que no es igual que antes? Han quedado marcas. Lo mismo sucede cuando hacemos daño a los demás. Puedes pedir perdón y arreglar las cosas, y las otras personas te lo agradecerán, pero las cicatrices de lo que hiciste siempre quedarán allí. Y no sabemos cuán profundas pueden ser. Por eso es muy importante vigilar cómo nos comportamos y cuidar de la gente que amamos.

PREGUNTAS AL LECTOR
- ¿Qué crees que le hace a Gonzalo cambiar de actitud?
- ¿Cómo has afrontado las situaciones en las que te has sentido culpable?
- ¿Qué crees que sería necesario para que Gonzalo al fin se pudiera perdonar?
- ¿Cuál es la forma positiva de afrontar hechos de los que no nos sentimos orgullosos?
- ¿A quién le guardas rencor? ¿Y qué vas a hacer para eliminar ese rencor de tu vida?

Aprender es evolucionar

El intelectual argentino Nicolás de Avellaneda decía que «quien olvida su historia está condenado a repetirla» y, ciertamente, el nivel de evolución personal depende de nuestra capacidad de equivocarnos y extraer lecciones de ello.

Vivir es una escuela permanente en la que necesitamos comprender cosas, incluyendo nuestros propios errores, para pasar curso.

Las personas que tropiezan una y otra vez con la misma piedra carecen de la capacidad de análisis y autocrítica necesaria para superar ese obstáculo. Sin duda, necesitan un buen *coach*.

LOS 22 «QUÉS». 2.º ¿QUÉ VAS A HACER MAÑANA PARA SOLUCIONAR ESE CONFLICTO QUE TIENES ENQUISTADO?

En muchas ocasiones, nos quedamos parapetados en nuestras posiciones pensando que sólo nosotros llevamos la razón. Quizás sea el momento de preguntarnos hacia dónde nos lleva nuestra terquedad y si realmente compensa nuestro resentimiento.

Así que, para mañana, la tarea será analizar qué puedes hacer tú, y no los demás, para solucionar los asuntos conflictivos que aún tienes pendientes.

---

3. La barrera del rencor

Mateo y Pablo Eguaras

Veinte años llevaban sin hablarse. Se comunicaban lo justo. A pesar de ser hermanos, de trabajar en la empresa familiar y llevarse sólo un año, a pesar de haber estado muy unidos durante la infancia y la adolescencia, no se cruzaban ni un saludo. Simplemente se ignoraban.

¿Qué había sucedido veinte años atrás?

Un miembro de la familia me lo explicó:

—Cuando Mateo tenía diecinueve años y Pablo dieciocho, se enzarzaron en una pelea. Fue tan violenta que el menor tuvo que ser atendido en urgencias. Llevaba la cara ensangrentada y hematomas por todo el cuerpo. De uno de los puñetazos quedó casi inconsciente, por lo que estuvo unos días ingresado en observación.

El padre decidió separarlos y asignarles responsabilidades diferentes en la empresa para que algo así no volviera a suceder. Durante casi una semana su hijo menor estuvo en situación de riesgo, sometido a muchas pruebas. Todos estaban asustados.

Trató de esclarecer qué había podido provocar semejante violencia, pero no lo consiguió. La reconciliación parecía imposible y el riesgo de un nuevo enfrentamiento estaba en la mente de todos. A uno lo trasladó al área comercial de la empresa, y al otro, al departamento de logística y montaje.

En casa también tuvo que tomar medidas mientras ambos residían en la vivienda familiar. Los ubicó en diferentes alas de la finca, así no se cruzarían ni en el hogar ni en la empresa. Él pensó que era la mejor solución y nunca imaginó que aquella pelea se alargaría dos décadas.

Los intentos de la familia por resolverlo habían sido infructuosos.

Uno de los hermanos era el director comercial y sus responsabilidades estaban en relación con sus clientes. Apenas aparecía por la empresa y si lo hacía era a deshora. El otro también estaba prácticamente en la calle todo el día.

Fuera del trabajo, cada uno hacía su vida. Los dos se habían casado, aunque ninguno había ido a la boda del otro. El pequeño tenía dos niñas que apenas trataban a su tío. En Navidades se repartían y el que pasaba la Nochevieja en casa de los padres no pasaba la Nochebuena, y así sucesivamente.

Las únicas veces que se veían era en el Consejo de Familia, e incluso ahí, se evitaban.

—No puedo más, Josecho –me explicaba el padre con lágrimas en los ojos–. No quiero irme de este mundo dejando esta situación. Hemos perdido un tiempo precioso que ya jamás recuperaremos. Ahora, no me quito de la cabeza que pronto faltaremos su madre y yo. Necesito que me digas qué más puedo hacer para que vuelvan a hablarse, para que se perdonen, vuelvan a reír juntos y se acabe esta pesadilla.

Mientras se desahogaba, se tapaba el rostro con las manos para evitar que yo le viera llorar.

—Les esperan muchos problemas cuando yo no esté. Y si no están hermanados la empresa se irá a pique. No me queda mucho tiempo, Josecho. Tengo setenta y tres años y estoy agotado. Desde que era un niño estoy en la trinchera.

—Voy a hacer todo lo que esté en mi mano para ayudaros a resolver este conflicto. Lo más difícil es el tiempo que ha estado enquistado. Pero con buena fe por todas las partes, seguro que encontramos el camino a la reconciliación –le animé.

Pronto tuve la oportunidad de conocer a los dos hermanos. Por separado, comenzaron a relatarme cómo habían vivido, primero, los acontecimientos de antaño y después, el devenir de los años.

Pablo, el menor, nada más comenzar nuestra entrevista me soltó:

—Vaya por delante, Josecho, que ni recuerdo qué provocó nuestra bronca. Si no fuera por mi hermano, este asunto estaría más que resuelto. Lo que ocurre es que nos hemos acostumbrado a vivir así. Créeme, yo no le guardo ni una pizca de rencor. De hecho, me fastidia que todo siga igual.

—Pero… ¿tú has hecho algo para mejorar esta situación?

—No hay nada que yo pueda hacer. Es mi hermano quien no quiere arreglar esto.

—¿Cómo afirmas eso tan seguro? ¿Lo habéis hablado? –insistí.

—No, pero veo su actitud.

—Él puede pensar lo mismo de ti. Y así estáis donde estáis…

Mateo, el hermano mayor, era un hombre sereno y de pocas palabras. A pesar de haber sido el agresor en aquel funesto episodio, estaba resentido porque toda la familia le había hecho sentirse culpable. O él así lo creía.

—Josecho, a mí me cayó el sambenito de agresivo y nunca más lo he sido, excepto aquella vez. Mi hermano aún se escuda en eso para ir de víctima. Y yo soy el verdugo, claro.

—¿Y tú qué quieres hacer? ¿Crees que después de tantos años hay que seguir pensando en verdugos y víctimas? ¿Conseguís algo positivo atrincherados en vuestras posiciones? ¿Te ves capaz de acercarte a tu hermano en algún momento para intentar zanjar vuestras diferencias? ¿Lo deseas? –Mi actitud era tranquila, aunque mi tono era firme–. Mateo, te voy a contar un cuento que circula por internet: el de los hermanos y el grano, que seguro que nos enseña algo en esta situación.

»En un pueblecito de Castilla, dos hermanos se quedaron huérfanos y heredaron las tierras de sus padres. Como no habían hecho otra cosa que trabajar siempre en el campo, decidieron repartirse todo a partes iguales y seguir en las faenas de labranza. Durante años, al recoger la cosecha de grano, se dividía en dos cantidades iguales y se depositaba en los dos graneros que habían construido para tal fin.

»Con los años, el mayor de los hermanos se casó y tuvo hijos, mientras que el pequeño se quedó soltero. A menudo, el soltero pensaba en su hermano mayor y en el hecho de que, teniendo mujer e hijos, necesitaría más que él. Llevado por este pensamiento, se dedicaba en secreto a visitar de vez en cuando el granero y trasladar unos cuantos sacos desde su montón al de su hermano. Éste, por su parte, también pensaba a menudo en su hermano pequeño y creía que debía de sentirse muy solo y que, si ahorraba algo más de dinero, tal vez le resultaría más fácil encontrar una mujer y crear su propia familia. De modo que, también en secreto, visitaba algunas noches el granero y movía unos cuantos sacos desde su montón al de su hermano.

»Sin saber cómo, se dieron cuenta de que nunca les faltaba el grano y ambos se sintieron siempre generosos y afortunados.

Al terminar mi relato, Mateo parecía emocionado.

—Me doy cuenta de que si hubiéramos actuado como los hermanos del cuento, no estaríamos hoy así. ¿Crees que estamos a tiempo aún de solucionarlo? –dijo con un nuevo brillo en la mirada.

Yo asentí con la cabeza, lleno de esperanza.

Tras aquellos primeros contactos, trabajamos varios meses para que el acercamiento no llevara a nuevas peleas o recriminaciones.

A pesar de resistir en sus posiciones, poco a poco ambos empezaron a ver en el otro al hermano que habían adorado en su infancia. Esa fisura me permitió adentrarme en el conflicto y disolverlo. Ellos hicieron el resto.

Se dieron cuenta de que cada uno había estado enrocado en su papel, fuera de víctima o de verdugo. Al ampliar miras fueron aprendiendo a entender la postura del otro, saliendo del lugar en el que estaban.

Poco a poco empezaron a observarse de otra forma, a mirar hacia el otro en vez de seguir mirándose a sí mismos.

Milagrosamente, en el primer Consejo de Familia en el que participaron desde mi intervención, fueron capaces de defender sus opiniones sin necesidad de intermediarios ni «traductores». Al final, incluso se dieron la mano.

Un día, Pablo, el hermano menor, me comentó:

—Josecho, ya no tengo secuelas de aquella paliza. No me queda ninguna cicatriz.

—¡Ah! pero ¿te quedaron cicatrices de la pelea? –pregunté asombrado.

—¡No hombre, no! Me refiero a las que quedan en el corazón. El otro día, al darle la mano a mi hermano después del Consejo, recordé por unos segundos cuando éramos niños y echábamos pulsos... Lo sentí cerca. No físicamente, sino cerca, de corazón. Quiero proponerle que nos veamos fuera de aquí, los dos solos... Aunque estoy un poco nervioso. Es como una primera cita amorosa, ¿me entiendes?

—Por supuesto, me gusta la idea y te honra. Veo el camino más despejado, pero todavía no es el momento –dije, sabiendo que él no me entendería.

Le propuse que esperara, ya que tenía la impresión de que el hermano mayor no estaba suficientemente preparado. En nuestras conversaciones no admitía todavía su responsabilidad en el conflicto, así que temí por la suerte de todo el proceso.

Yo sabía que nos quedaba ya poco camino que recorrer, pero, si bien Pablo estaba emocionado con sus avances, su hermano mayor aún iba a otra velocidad y había que aunar las emociones.

Pasadas unas semanas, curiosamente, Mateo me preguntó:

—¿Tú crees que mi hermano me ha perdonado?

Por fin, el hermano mayor iniciaba el acercamiento.

—¿Por qué no se lo preguntas? –le contesté.

—Tal vez porque no estoy seguro de su respuesta... Tengo miedo de que salga mal, pero si me armo de valor y se lo pregunto, ¿tú podrías acompañarnos?

—Podría si los dos queréis y confiáis en que eso os puede ayudar.

Aquella tarde hacía mucho frío en Salamanca. Habíamos quedado a comer en un restaurante del centro.

Primero apareció Mateo. Nos saludamos y esperamos al hermano pequeño tomando un vino de una excelente cosecha.

Unos minutos más tarde asomó por la puerta Pablo. Por un momento parecía que no iba a entrar. Se quedó parado en el umbral, mirando hacia nosotros. Finalmente, en tres zancadas llegó a la mesa y, sin mediar palabra, abrazó a su hermano.

Fue un abrazo largo. Largo y franco. Se miraron a los ojos y se volvieron a abrazar. Se decían cosas que yo no podía entender. Palabras que les hacían sonreír.

Cuando se sentaron, Pablo me dijo:

—Gracias, Josecho. Con este abrazo, hoy hemos estrechado una distancia que jamás tendría que haberse producido. Prometo que, por mi parte, nunca más volveré a alejarme.

Miré a Mateo, pero era incapaz de hablar... Estaba muy emocionado.

COMENTARIO

Este relato nos habla de un viejo conflicto entre hermanos dentro de una familia empresaria. Sus protagonistas están en un estado de ánimo de resignación que les impide ver la posibilidad de cambio.

El conflicto se mantiene enquistado por el punto de vista que cada uno de ellos tiene del otro, a quien considera el culpable. Esto hace que ninguno de los dos vea su propia responsabilidad. Están enrocados, asumen esa situación como normal y así han dejado pasar veinte años.

A través del proceso de *coaching*, nuestros protagonistas llegan a *fijarse en lo que les une al otro* por encima de lo que los separa.

Este cambio de perspectiva permite desatascar el conflicto y ver que la resignación en la que se encuentran –respecto a no poder cambiar la situación– les ha llevado a este largo y triste vacío.

Para lograr el cambio, de entrada, *tienen que desearlo, creer que es posible* y así pasar a un estado de ánimo en el que ambicionen volver a encontrarse.

Salir del conflicto interpersonal

Cuando nos encontramos en una situación de conflicto con alguien, habitualmente *nos creamos una coartada que justifica el mantenimiento de nuestra conducta.*

En el caso de Pablo y Mateo, ambos interpretan la actitud del otro como negativa, reafirmándose en sus posiciones. Es decir: le ven como culpable al otro, y cada uno de ellos se siente la víctima, sin asumir responsabilidad alguna en la situación.

No han desarrollado un lenguaje que les permita acercarse y hallar puntos comunes, con lo que el conflicto se enquista y, con el paso de los años, acaba pareciendo irresoluble.

Todo se resuelve con una facilidad inesperada cuando ambos abandonan sus posiciones y viajan al punto de vista del otro. Ésa es la esencia de la empatía.

Una leyenda cherokee

Una mañana, un viejo cherokee le contó a su nieto un conflicto que ocurre en el interior de las personas.

—Hijo mío, la batalla es entre dos lobos dentro de todos nosotros. Uno de ellos es Malvado. Es ira, envidia, celos, tristeza, pesar, avaricia, arrogancia, autocompasión, culpa, resentimiento, soberbia, inferioridad, mentiras, falso orgullo, superioridad y ego. El otro es Bueno. Es alegría, paz, amor, esperanza, serenidad, humildad, bondad, benevolencia, amistad, empatía, generosidad, verdad, compasión y fe.

El nieto lo meditó un minuto y luego preguntó a su abuelo:

—¿Qué lobo gana?

El viejo cherokee respondió:

—Aquel al que tú alimentes.

La comunicación no violenta

Llamada de forma abreviada CNV, consiste en un enfoque comunicativo empático, para poder hablar de cualquier cosa con un interlocutor, sin que se sienta atacado ni menospreciado.

El principio fundamental es cambiar el reproche, la acusación que descalifica al otro, por la expresión de lo que uno ha sentido en esa situación. Ante una ofensa por parte de un hermano, por ejemplo, en vez de: «Eres un grosero / imbécil / desconsiderado...», la CNV utilizaría la fórmula: «Cuando me hablas de este modo, me siento muy triste / desanimado / irritado».

Al poner el foco en los propios sentimientos, sin señalar ni etiquetar negativamente a nadie, su autoestima queda resguardada y es mucho más fácil que haga los cambios necesarios para mejorar.

«Cuando lanzamos una crítica, tenemos que entender que la mente de las personas es como una caja fuerte. Se abre –es decir, escucha– cuando sabemos la combinación y la usamos con paciencia y delicadeza. Si golpeamos la caja con un martillo, a lo bestia, posiblemente dañemos el mecanismo y nunca más se podrá abrir».

DAVID FISHAN

La proporción 5.1

Si culpabilizamos a los demás siempre de lo que ocurre, ante cualquier conflicto, y nos dejamos atrapar por la resignación, no avanzaremos.

El experto en comunicación Ferran-Ramón Cortés afirma que muchas discusiones interpersonales no se resuelven porque las partes insisten en mostrar sólo los aspectos negativos del otro, lo que sólo consigue aumentar la tensión y que el interpelado se ponga a la defensiva.

En una discusión constructiva hay que poner sobre la mesa la totalidad de la persona, manifestando también los aspectos positivos, de modo que nuestro interlocutor se sienta respetado en su totalidad.

Sobre esto, John Gottman, profesor emérito de psicología, formuló una hipótesis para pronosticar las parejas que van a romper, y son aquellas que se comunican a través del reproche, los juicios y una actitud a la defensiva, mientras que las parejas con futuro son aquellas que han aprendido a manejar los conflictos desde la delicadeza, la escucha y el respeto mutuo.

Sobre la crítica que se hace a una pareja, a un hermano o a un amigo, por poner algunos ejemplos, Gottman calculó que para que no sea hiriente tiene que guardar una proporción de 5:1 respecto a los elogios. Es decir, nuestro interlocutor aceptará una recriminación, por dura que sea, siempre que la acompañemos de cinco apreciaciones positivas sobre su persona que compensen la posible herida.

LOS 22 «QUÉS». 3.º ¿QUÉ HERRAMIENTA PERSONAL HAS MEJORADO HOY?

A diferencia de la mayoría de animales, el ser humano tiene la capacidad de aprender durante toda su vida, no sólo en la infancia. Y las diferentes virtudes personales, como la paciencia, la empatía o la capacidad de escucha, entre muchas otras, pueden desarrollarse día a día.

El ejercicio de este capítulo consiste en tomar conciencia de aquellas habilidades interpersonales que podrías mejorar y proponerte cada día progresar en al menos una de ellas.

4. El piano que no sonaba

Amapola Reta

Llevaba un año trabajando con un abogado de Madrid y dedicábamos nuestras sesiones a desarrollar su idea de crear un negocio propio. Desde su tormentoso divorcio, estaba dedicado en cuerpo y alma a este proyecto.

Era muy disciplinado, trabajador e irradiaba entusiasmo. Nuestra colaboración fluía de maravilla. Íbamos estableciendo metas y materializando sus aspiraciones.

A raíz de su separación, mientras terminaba de acondicionar su nueva casa, se había trasladado a vivir con su madre. Así, de paso, le hacía un poco de compañía. Vivían en un elegante barrio de las afueras, en una preciosa casa con jardín rodeada de árboles.

Nos veíamos prácticamente todas las semanas en el despacho que había instalado en una de las habitaciones.

—Josecho —comentó en una de las reuniones—, me gustaría que hablaras con mi madre. Lo está pasando mal desde que murió mi padre, hace ya dos años. Se niega a visitar a un psicólogo y simplemente se deja medicar por mi cuñado, que es médico. Siempre está triste y nunca quiere salir de casa. Ya no sé qué más hacer. Pensé que con mi presencia mejoraría, pero está encerrada en sí misma y no atiende a nada.

—Por mi parte estaré encantado, siempre y cuando ella esté de acuerdo —contesté.

Amapola era una señora de 81 años. Había nacido en Zarautz, en el País Vasco, donde se casó con un joven y prometedor industrial.

Informándome sobre ella, supe que era una mujer culta y muy preparada, licenciada en filología románica. Leía habitualmente una media de cuatro libros al mes, y hasta que murió su marido, tocaba el piano con una profesora que iba dos veces por semana a casa.

Aún llevaba la intendencia en el hogar. Hablaba todos los días con el servicio, pendiente de cada detalle. Estipulaba tanto los menús como las labores domésticas, en una casa que guardaba el recuerdo de su tierra, con nostalgia vestida de chimenea, de caserío, de roble, arraigo y tradición.

Al finalizar una de las sesiones con su hijo, ella me estaba esperando en el porche de la casa.

—Hola, Amapola, qué bien te veo. Estás hecha una moza –le dije para animarla.

—La procesión va por dentro –contestó, y seguidamente me preguntó–: Oye, ¿tú me puedes ayudar? Es que como ya tengo muchos años, no sé si eso del *coaching* sirve para personas tan mayores…

—Por supuesto, Amapola, todo depende de si quieres mejorar en algo, si tienes alguna meta que alcanzar, o te quedan sueños que cumplir. Lo único que yo hago es acompañarte.

—Eso es lo que yo quiero, alguien que me acompañe… Porque estos hijos míos, como siempre están liados, me dejan sola. Quizás sí que me quede algún sueño… –Y, mirando hacia el cielo, contestó–: Tú búscame un huequecito en esa agenda que llevas siempre contigo.

—Encantado, Amapola, cuando tenga sesión con tu hijo, aprovechamos y nos vemos luego.

—¡No! –contestó airada–. Yo quiero tener mi propio espacio, independiente de mi hijo.

—De acuerdo. –Concertamos nuestra cita y me despedí.

Debo reconocer que las primeras sesiones fueron inquietantes. Amapola no quería nada. Estaba apática, triste, quejumbrosa. Le dolía todo. Había dejado de leer, de tocar el piano, de hacer aquellas cosas con las que antaño disfrutaba. Su desánimo era total. Se pasaba días enteros sin salir de su habitación, donde le servían el desayuno, la comida y la cena. Sus hijos intentaban constantemente que saliera, proponiéndole planes y actividades que ella nunca aceptaba.

Poco a poco también fuimos venciendo esa apatía y resignación que le habían dejado inmovilizada y sin motivación. Sin darse cuenta, Amapola se regodeaba en su dolor, en su pérdida. Creía que ya nada tenía sentido, que esa situación no podía cambiar.

Y poco a poco también fue cumpliendo pequeños objetivos: volvió a leer, a pasear… Fue dándose cuenta de que su familia, sus hijos, la necesitaban, y que tenía muchos motivos para sonreír.

Empezaba a sentirse mejor y, como consecuencia, fue dejando sus pastillas.

—Ya no las voy a necesitar más –prometió en una sesión–. Llevo 35 años viviendo en Madrid y nunca había ido al Retiro. Parece increíble, pero es cierto. Ayer llamé a Francisco, mi chófer, y le pedí que me llevará ahí… ¡Qué bonito es, Josecho!

En una de nuestras sesiones, al despedirme una tarde en la puerta de su jardín, me quedé en silencio. Algo hizo que me detuviera, algo de lo que no me había percatado hasta entonces.

Cerré los ojos un instante. Fueron apenas unos segundos que me parecieron únicos, placenteros, entrañables, deliciosos… Identifiqué cómo sonaba el aire al pasar por las hojas de los chopos. Nunca, hasta entonces, me había parado a escucharlo.

—¿Estás bien? –me preguntó Amapola, un poco sorprendida.

—Estoy escuchando el sonido que hace el viento al pasar por las hojas de los chopos que tienes en la entrada –contesté, y empecé a contarle–: Verás, Amapola… Mi abuela vivía en un pueblecito de Navarra que se llama Genevilla. Enviudó muy joven y, aunque era de una familia muy humilde, en la distribución parcelaria le correspondió una pequeña chopera junto al río. Cuando éramos pequeños, a mis hermanos y a mí nos llevaban allí a pasar la tarde a merendar y nos echábamos la siesta bajo su sombra. El sonido de la brisa a través de sus hojas se convertía en la mejor de las nanas. Hoy, Amapola, hoy aquí, he vuelto por unos instantes a aquel lugar.

—Para mí los chopos son un incordio –replicó ella–. No significan nada bueno. Tienen una especie de oruga que lo pone todo perdido. Caen encima de los coches, del camino y, por último, de la piscina. ¡Qué horror! Yo los talaría mañana mismo.

—Espero que no te oigan los jardineros –contesté con temor mientras ella volvía a la casa.

—No te preocupes, Josecho –me dijo con un poco de picardía–. Si no los he talado antes, ahora que sé que te gustan, no corren ningún peligro.

Unas semanas después, Amapola me esperaba sentada en el jardín leyendo un libro. Ya habíamos conseguido que saliera de su habitación. Estaba más sonriente, bromista y dicharachera.

—Josecho, a mí los chopos no me suenan igual que a ti –me reconoció con una sonrisa–, probablemente porque mi abuela no era de Navarra y de niña no me acostaban en las choperas. Sin embargo, me gusta esperarte en el jardín, porque me recuerda a muchas de las cosas de las que hemos hablado. Me he dado cuenta de que se puede ser feliz a través de la felicidad de los otros… incluso cuando esa felicidad es un recuerdo.

Entonces se levantó y, mirándome con un nuevo brillo, me dijo:

—Ayer, por primera vez en mucho tiempo, abrí las ventanas, respiré hondo, pensé en mi marido… y volví a tocar el piano.

COMENTARIO

Este relato nos habla de la superación ante la pérdida de un ser querido. El duelo de Amapola le acompaña en el tiempo, impidiéndole una relación fluida con todo su entorno.

Anclada en el pasado, no disfruta del presente, y mantener el vínculo con su esposo ya fallecido le mantiene en un profundo letargo.

A pesar de encontrarse en un estado de flagrante resignación, la sorprendente implicación de Amapola en el proceso de *coaching* le lleva a apostar por la vida, transformando el dolor en aceptación y, así, volver a tocar el piano.

«Cuanto más oscura es la noche,
más brillantes son las estrellas».

OSHO

Superar el duelo

Esta bonita historia demuestra que nunca es tarde para intentar cambiar en nuestras vidas. Como diría Thomas J. Leonard, a quien yo considero el padre del *coaching*, en dos de sus quince competencias:

1. El *coach* amplía los esfuerzos del cliente.
2. El *coach* le hace navegar vía curiosidad.

En este caso, mi misión era ayudar a la *coachee* a avanzar, ampliando sus esfuerzos, y hacerle navegar impulsada por su curiosidad.

THOMAS J. LEONARD
Fallecido en 2003, este pionero fundó Coach University, la más antigua y extensa institución para formar a profesionales en esta disciplina, además de la International Coach Federation (ICF), entre muchas otras labores de formación y divulgación.
Veamos tres de sus inspiraciones sobre su profesión y sobre el arte de vivir:

«El coaching *no está pensado para curar a gente enferma, sino para hacer que la gente saludable se vuelva extraordinaria».*

«Nunca te des hasta tal punto
que no puedas recuperarte en una hora».

«La oportunidad nunca llamará a tu puerta,
tienes que invitarla».

Superar el duelo requiere de tiempo y exige un gran trabajo personal. El objetivo es volver a encontrar sentido y satisfacción a la vida. Para ello, *compartir emociones —también las de pérdida— ayuda a superarlas.*

Es muy importante entender que el duelo es un proceso, no un estado. Hay que recordar a la persona que está sufriendo que aquello tendrá un fin, que durará un tiempo determinado, y que el dolor que siente se convertirá en sabiduría y experiencia.

PREGUNTAS AL LECTOR
- ¿Qué cosas, situaciones o personas que amabas han quedado atrás?
- ¿Qué aprendizajes han dejado en tu vida estas pérdidas, una vez superado el duelo?
- ¿Cómo crees que Amapola, en el testimonio, logra remontar el ánimo?
- ¿De qué manera el pasado puede ser una inspiración, en lugar de un freno?
- ¿Cómo puedes construir desde el ahora bellos recuerdos para el mañana?

El poder del ahora

Cuando el pasado duele, porque lo experimentamos en clave de pérdida y no de experiencia enriquecedora, el mejor bálsamo del que disponemos es el momento presente.

Eckhart Tolle autor del best-séller *El poder del ahora*, afirma al respecto: «Cuanto más te enfocas en el tiempo –pasado y futuro–, más pierdes el ahora, lo más precioso que hay. ¿Por qué es lo más precioso? En primer lugar, porque es lo único que hay. Es todo lo que hay. El eterno presente es el espacio dentro del que se despliega tu vida, el único factor que permanece constante. La vida es ahora. No ha habido nunca un momento en que tu vida no fuera ahora, ni lo habrá jamás. En segundo lugar, el ahora es el único punto que puede llevarte más allá de los limitados confines de la mente. [...] Nada ocurrió nunca en el pasado; ocurrió en el ahora. Nada ocurrirá nunca en el futuro; ocurrirá en el ahora».

En el caso de Amapola, disfrutar del ahora a través de nuestras conversaciones y, finalmente, de tocar el piano, le permite pasar a la otra orilla sin por ello olvidar todos los instantes vividos. Al contrario, tomar conciencia del valor de nuestras experiencias es un acicate para trabajar en el momento presente, ya que es la fragua de los recuerdos futuros.

Si nuestra entrega al día de hoy está llena de creatividad, ilusión y valentía, cuando miremos atrás podremos decir: «Valió la pena vivirlo».

LOS 22 «QUÉS». 4.º ¿QUÉ HAS HECHO HOY PARA QUE SEA UN GRAN DÍA?

Como nos recuerdan los maestros de zen, el pasado ya no existe y el futuro es sólo una ilusión, ya que no sabemos en qué momento se terminará nuestro paso por la Tierra. Por lo tanto, el único taller en el que podemos fabricar bellos instantes es el Ahora.

¿Le estás extrayendo todo el jugo que deberías? Analiza como ejemplo el día de hoy. Además de correr tras tus obligaciones, ¿has hecho hoy algo que merecerá la pena recordar?

No pienses en grandes gestas, ya que a menudo lo memorable consiste en pequeñas cosas como llamar a un buen amigo o leer un libro que nutre tu alma. Como decía Robert Brault: «Disfruta de las pequeñas cosas, porque tal vez un día vuelvas la vista atrás y te des cuenta de que eran las cosas grandes».

5. Un cambio profundo

Testimonio de Maite Lesaka

«Yo formaba parte del equipo directivo de una empresa familiar con la que trabajaba desde hacía casi veinte años. Había empezado desde abajo hasta llegar a la subdirección general. Teníamos una plantilla de más de 200 trabajadores.

Siempre creí que mi relación con los empleados era cordial, pero esta creencia distaba mucho de la realidad. Me tenían miedo. Y si a esto sumamos que el sector tenía malas perspectivas, pues el ambiente de trabajo era francamente malo. Era esto lo que daba al director general argumentos para tener a sus trabajadores en condiciones algo precarias.

Jugaba con ventaja. Gozaba de la confianza de mis superiores y pensaba que con eso era suficiente. Tenía un buen currículum y me gustaba la gestión. Mi actitud era seria, distante, un poco hermética, y oía decir que mi estilo de comunicación era prepotente.

Con el paso de los años, la mala gestión de la cúpula llevó a la empresa a una situación muy difícil. Esto hizo que tuvieran que recurrir a una consultora externa e intervenir la sociedad.

Además, se implantó un proceso de *coaching* para ayudar a todos los colaboradores a optimizar su trabajo y mejorar la productividad. Era la primera vez que tenía contacto con esta disciplina, y confieso que tuve que leer algo sobre ello para saber en qué consistía.

Iniciado el proceso, pasamos por momentos delicados, principalmente con los miembros de la familia propietaria. La gestión financiera no había sido transparente ni honesta y, como consecuencia, hubo algunos despidos.

Por lo que a mí respecta, recibí todo aquello con escepticismo, como si no fuera conmigo. ¿Qué podía aportarme? Si yo cumplía mis funciones y no tenía quejas, ¿por qué tenía que cambiar yo, si quienes me pagaban estaban satisfechos conmigo?

De repente, el *coach* me hacía preguntas que me afectaban directamente. Por primera vez alguien me estaba cuestionando, y yo no estaba preparada para eso. ¿Cuestionarme a mí?

En el transcurso de estos encuentros, empecé a sentirme incómoda.

Mi primera reacción fue defensiva, de rechazo. Habíamos quedado que yo estaba fuera del proceso, que a mí no iban a «tocarme» y ¡vaya si lo estaban haciendo! En mi línea de flotación.

Descubrí que en la forma de expresarme, aunque creía que yo era una persona educada, daba la imagen de una mujer altiva, soberbia, insegura, poco humilde.

Con ayuda de Josecho, empecé por cambiar pequeños gestos, expresiones, actitudes… Y eso, al final, lo cambiaría todo. Mi punto de vista sobre las personas ya no era el mismo. Asumiendo que éramos diferentes, empecé a mirarlos como iguales.

Para mi sorpresa, descubrir la humildad me hizo sentir mucho mejor conmigo misma. Aprendí a sonreír, a pedir por favor, a dar las gracias, a escuchar, a ponerme en el lugar de los otros. En una palabra, ¡aprendí a respetar!

He de reconocer que el cambio no fue doloroso. Muy al contrario, fue fácil y se produjo de forma casi imperceptible.

Empecé a gustarme, a sentirme mejor en mi piel. Mi vida personal también mejoró. Cambiaron mis relaciones sociales, incluso las íntimas. La onda expansiva fue enorme.

Aquel hombre menudo pero inmenso había cambiado mi vida para siempre.

La empresa no sobrevivió, porque el daño que habían causado sus dirigentes había sido enorme, pero, a pesar de ello, todos salimos reforzados. Hoy es el día en que, quince años después, aún conservo un profundo respeto hacia aquel *coach,* y por encima de todo, su amistad.

A lo largo de mi trayectoria en la empresa, tuve innumerables ocasiones de tratar con personas de gran relevancia, incluso con miembros destacados de la clase política. Recibí muchas palabras de reconocimiento que contribuyeron a edificar mi ego.

Sin embargo, ninguna me produjo tanta satisfacción personal como las palabras de reconocimiento y gratitud que me dedicó el conserje de la compañía, el mismo día que cerraba definitivamente la empresa.

Mi cambio ya se había producido».

COMENTARIO

Antes de pasar por el proceso de *coaching,* Maite había vivido de espaldas a la realidad de su organización. Su motivación estaba dirigida al beneplácito de sus superiores y no al bienestar de sus equipos y colaboradores.

La protagonista de este testimonio pertenece a esas personas en el mundo de la empresa con cargos importantes que se ciegan con los resultados, sin percatarse de que lo que los hace posibles es el buen clima laboral, la coherencia, la motivación, la innovación, el respeto, el reconocimiento… En definitiva: las personas.

«Nadie está tan vacío
como aquel que está lleno de sí mismo».

BENJAMIN WHICHCOTE

Maite entró en el proceso sin apenas darse cuenta y, sin embargo, eso cambiaría su vida profundamente, tanto a nivel profesional como personal.

Su posición de arrogancia, fruto seguramente de sus propias inseguridades, la había mantenido protegida en su burbuja. Esto hacía que estuviera por completo apartada de lo que ocurría en las bases de la organización. El descubrimiento de la humildad, el respeto a los demás, la tolerancia, el reconocimiento y la comunicación no violenta le acercó a las personas. Y éstas, a su vez, ante su cambio se mostraron más generosas y comprensivas.

Tras abandonar la soberbia y la distancia, Maite se convirtió en una persona más humana y, sin duda, mucho más feliz.

El tesoro de la humildad

«En su etimología, la palabra «humildad» nos refiere a lo esencial, a la tierra. Porque la palabra «humildad» procede del latín *humilis,* y ésta, a su vez, de humus: aquello de lo que la naturaleza se desprende y que a su vez la enriquece, la fertiliza y la hace crecer. […]

Lejos de ser frágil, la humildad nos muestra la grandeza de la persona que la manifiesta, precisamente porque nace del sentimiento de la propia insuficiencia: siempre hay algo o alguien de quien aprender, siempre es posible hacer las cosas mejor, siempre uno puede cuestionarse el valor y sentido de lo que está haciendo en su vida personal y profesional, y desde allí enfrentar nuevos retos, desarrollar nuevas habilidades, aprender nuevas lecciones o construir nuevos puentes».

ÁLEX ROVIRA

El respeto es la clave

La mayor parte de los conflictos tiene su origen en la falta de respeto que supone no considerar a los demás como iguales. Esta característica define a personas que se encuentran en determinados momentos con altas cuotas de poder, fuerza, dinero… y que no son capaces de administrarlo y gestionarlo con los demás, sino que lo hacen *contra* los demás.

El respeto es una característica de los grandes líderes y de las grandes personas. Cualquier ser humano se sentirá más inclinado a seguir a aquel que lo respeta, y no a alguien que no lo hace. El primero le proporciona bienestar. El segundo, mucho miedo.

PREGUNTAS AL LECTOR
- ¿Qué persona de tu entorno merece tu reconocimiento por su labor o su actitud?
- ¿Cómo puedes expresarle tu agradecimiento?
- ¿Qué valores de esta persona desearías compartir?
- ¿Con qué medidas puedes incorporarlos a tu vida cotidiana?

«Yo mejor»

En muchas ocasiones de nuestra vida, mantenemos una visión de nosotros mismos que nos sitúa, sistemáticamente, por encima de otras personas, poseídos por el síndrome del «Yo mejor». Y no nos damos cuenta de que, con ello, a quien tenemos enfrente le asignamos la etiqueta del «Tú peor».

En consecuencia, nos retroalimentamos en nuestras posiciones, no dejamos espacio al otro y justificamos nuestra actitud.

Reconocer en los demás lo que ellos tienen de «mejor» y nosotros de «peor» nos igualará y nos llevará a escuchar y enriquecer nuestro entorno, tanto el personal como el profesional.

Los conflictos y el malestar desaparecen cuando consideramos y permitimos que posiciones diferentes a las nuestras tengan el mismo valor, cuando damos el mismo valor a los demás que a nosotros mismos.

LOS 22 «QUÉS». 5.º ¿QUÉ VAS A HACER HOY PARA ACERCARTE UN POCO MÁS A LOS DEMÁS?

A menudo esperamos que las otras personas hagan cosas por nosotros o reaccionen de determinada manera, y nos enfadamos si no cumplen nuestras expectativas. Sin embargo, la conducta ajena es algo que no depende en absoluto de nosotros. Como mucho podemos contagiarles nuestra actitud positiva.

Tal como reza la oración de Reinhold Niebuhr: «Dios, concédeme la serenidad para aceptar las cosas que no puedo cambiar, el valor para cambiar las cosas que puedo cambiar y la sabiduría para conocer la diferencia».

Lo que sí podemos hacer es cambiarnos a nosotros mismos para mostrarnos accesibles, comprensivos y empáticos. Cuando mostramos esta actitud, inmediatamente cambia el clima de nuestro entorno.

Por este motivo, en este ejercicio concretarás las iniciativas que tomarás este día para facilitar la comunicación con los demás.

6. El aprendiz de *coach*

Testimonio de Antonio Gayarre

Lo primero que supe sobre el *coaching* fue que es una técnica que utiliza preguntas poderosas para hacernos pensar y potenciar varias áreas de nuestra vida, además de un método para mejorar el rendimiento de las personas.

—¿Cabe la posibilidad de que yo pueda certificarme como *coach?* –pregunté a una persona de mi trabajo que estaba vinculada con este mundo.

Unas semanas después, me dijo que iba a pedir a su maestro que viniese a conocernos –había otras dos personas interesadas– y darnos una charla sobre el tema.

El día señalado llegó Josecho, un hombre de pelo canoso, muy risueño. Nos saludó a los tres, uno a uno, llamándonos por nuestros nombres y abrazándonos con energía.

La presentación duró más de cuatro horas, y habría sido mucho más larga si le hubiésemos dejado seguir hablando. El *coaching* le corría por las venas. Se notaba que era una persona feliz, involucrada, apasionada y enamorada de su trabajo.

Su exposición me pareció fascinante. Desde entonces sé que existen docenas de maneras de estrechar las manos, que cada una de ellas tiene un significado, aunque lo hagamos casi siempre inconscientemente. ¡Que nuestra postura física y lenguaje corporal nos delata!

En una diapositiva de la presentación aparecía Rafael Nadal. Pensé en poner en un aprieto al *coach* y, como a mí me gusta jugar al tenis y además entreno mucho y fuerte, le pregunté:

—Si tú crees que podemos conseguir todo lo que nos propongamos en la vida, ¿piensas que podría ganarle un partido de tenis a Nadal?

—¡Por supuesto! –contestó Josecho sin mostrar ninguna duda.

—Ah, qué positivo… –dije yo–. Tendríamos que contemplar que él jugara con algún hueso roto y, aun así, sería difícil…

—Tenemos que creer que podemos conseguir las metas –repuso Josecho–. Tener un objetivo y trabajar mucho para alcanzarlo es el primer paso. ¿Quién te dice a ti que de mil partidos contra Nadal no le podrías ganar uno? Y si fuera así, ¿habrías conseguido tu objetivo?

Nos mostró imágenes, nos contó historias de su vida y situaciones por las que había pasado.

Al final de la presentación decidí que quería saber más de *coaching*, aprender habilidades y competencias para mejorar en varios aspectos de mi vida, tanto profesionales como personales. Quería optimizar la comunicación e interacción que tenía con mis hijos, con mi familia, con mis amigos, con las personas con las que trabajo. Quería entender mejor a los demás y que yo me hiciera entender mejor por los otros.

Además, el *coaching* también incluye competencias de liderazgo que yo podría utilizar en la empresa. Por todo esto, me senté frente a Josecho y le pedí:

—Necesito saber lo que tú sabes sobre esta materia, estoy ávido por aprender…

Asintió con la cabeza y, sonriendo, me abrazó. Comenzamos el proceso de formación pasadas pocas semanas.

Muchos acontecimientos han marcado mi vida desde que trabajo con mi maestro. Es ingenuo pensar que el *coaching* hace que acertemos siempre, que no tengamos dudas o que no nos permita hacer disparates, pero Josecho me enseñó cómo utilizarlo para pensar y conocerme mejor, practicar la empatía y ser más valiente, entre muchas otras habilidades.

En nuestra primera sesión, la sala tenía una mesa con una silla en cada extremo. Josecho tomó la suya y la puso al lado de la mía. Se sentó y me dijo:

—Me pongo aquí porque vamos a trabajar de esta manera, codo con codo, dirigiéndonos hacia nuestro objetivo. De frente hacia el camino, en el mismo sentido. ¡Sólo puedo ser un buen profesor si tú eres un buen alumno! Tú eres quien me dará ese apelativo, porque hay algo que me gustaría transmitirte: yo también voy a aprender muchas cosas contigo.

En nuestro caminar profundicé mucho sobre las diferentes corrientes de *coaching,* sus técnicas y métodos, el lenguaje no verbal, los estados de ánimo, cómo identificarlos y qué hacer para cambiarlos.

En los ejercicios, cuando respondía con frases como: «siempre se ha hecho así», o «es que soy así», o «me da miedo», él replicaba diciendo: «¿Y entonces qué esperas para cambiar?».

Hoy me siento una persona mucho más capaz. Me relaciono mejor con mis hijos y entiendo sus problemas y motivaciones. También comprendo más a las personas de mi entorno, a mi familia y amigos. En el trabajo, me esfuerzo en ser un líder y no un jefe. Me preocupo más por el bienestar, felicidad y motivación de las personas. Sé que cuanto más contentas y motivadas estén, mejores resultados alcanzaremos.

También he aprendido a identificar las creencias y juicios que me limitan. Ahora sé que, eliminando esos obstáculos, encontraré nuevas ventanas con oportunidades para mejorar.

En definitiva, he aprendido a aprender.

COMENTARIO

Este testimonio nos habla del descubrimiento que supone el *coaching* para Antonio y cómo cambia su vida gracias a las habilidades que va adquiriendo a través de su aprendizaje. Al final de su práctica se convierte en una persona con más inteligencia emocional y mayor capacidad de liderazgo.

Habilidades del *coach*

El protagonista de este relato refleja de una manera muy clara, a partir de su experiencia, las habilidades que todo *coach* debe poseer:

1. *Establecer una buena conexión.* En *coaching* hablamos de *rapport* –algo cercano al *feeling,* pero llevado al extremo– entre ambas partes, condición indispensable y fundamental para poder llevar a cabo el proceso.
2. *Escucha activa.* Es la herramienta fundamental para acercarnos a la realidad de nuestro cliente. Sin ella no podemos llegar a descubrir lo que está ocurriendo. Es el punto de partida de todo proceso de *coaching*.
3. *Sentir lo que el otro siente.* Esta cualidad empática es un paso indispensable para lograr entender su situación. En su libro *Inteligencia emocional,* Goleman define la empatía como el «radar social». Al utilizarlo, entramos en el mundo de nuestro *coachee*, vemos las cosas a través de sus ojos y las sentimos con él. Volviendo a nuestro caso, cuando Antonio siente la implicación y el compromiso de su *coach,* avanza en su aprendizaje mucho más rápidamente.
4. *Convertirse en su «hincha».* Como diría de nuevo Thomas Leonard en sus 15 competencias, al darle ese apoyo, le animamos a conseguir las metas establecidas.

Durante todo el testimonio, vemos que van apareciendo habilidades sociales y de liderazgo: comunicación, análisis del lenguaje no verbal, empatía, escucha, gestión emocional, etc.

Tras incorporar todas estas competencias en el proceso de *coaching*, Antonio finalmente se convierte en un líder.

PREGUNTAS AL LECTOR
- ¿Qué características de tu personalidad has visto en este testimonio?
- ¿En qué te has sentido identificado con él?
- ¿Cuándo fue la última vez que ejerciste de verdadero líder?
- ¿En qué aspectos de la vida puedes ser un faro para los demás?

Liderazgo

Un líder es aquella persona que ve posible lo que los demás ven imposible. Estamos acostumbrados a escuchar que el liderazgo se desarrolla exclusivamente en el mundo de la empresa, pero líderes pueden ser…

- Unos padres con sus hijos
- Un profesor con sus alumnos
- Un político con sus ciudadanos
- Un médico con sus pacientes
- Un hermano con sus hermanos
- Un amigo con sus amigos
  (y un largo etcétera)

La emoción primordial que produce el líder es la confianza, jamás el miedo. Y una reflexión: *dentro de cada uno de nosotros hay un líder; simplemente tenemos que descubrirlo y potenciarlo.*

LOS 22 «QUÉS». 6.º ¿QUÉ HABILIDADES TE GUSTARÍA DESARROLLAR EN TU VIDA?

A lo largo de estos procesos de *coaching*, estamos viendo cómo los *coachees* desarrollan talentos que antes no tenían, o como mínimo no utilizaban, como la comunicación, la escucha, el respeto o la tolerancia. Que hasta ahora estas cualidades no hayan brillado en ti no significa que no las puedas desarrollar. Si otras personas las poseen, significa que también está en tu mano.

Como decía ya Marco Aurelio hace dos milenios: «Si algo está dentro de los poderes de la provincia del hombre, créelo: también está dentro de tus posibilidades».

Sabido esto, determina qué cualidades necesitas cultivar, fíjate en personas que las posean y sigue su ejemplo con práctica y constancia. Acabarás teniendo esas mismas virtudes.

7. Atrapado en el hielo

Braulio Elizondo

Habíamos sido compañeros en el máster de *Coaching*. Braulio era un hombre tosco, cortante y poco comunicativo. Acudía siempre puntual a las clases y ocupaba su sitio en las primeras filas. Permanecía muy atento, tomaba apuntes y se mantenía siempre muy serio y esquivo a cualquier relación con los compañeros.

Hablamos una sola vez y, terminado el curso, nos despedimos y no volví a saber de él.

Pasados casi dos años, recibí una llamada en mi despacho.

—¿Josecho? Soy Braulio. ¿Te acuerdas de mí? Nos conocimos en…

—Te recuerdo perfectamente. –No le dejé terminar–. ¡Qué alegría saber de ti! ¿Cómo te va la vida?

—Todo bien, aunque te necesito como *coach*.

—Pero… ¡si tú ya eres *coach*! ¿Por qué yo?

—Sé que puedes ayudarme, Josecho. Te recuerdo en las sesiones prácticas del curso, y si me tengo que abrir a alguien, tienes que ser tú.

Quedamos el siguiente lunes y Braulio acudió puntual, como cuando éramos compañeros de curso. Había cambiado tanto su imagen que me costó reconocerlo. Ya no era el directivo que en clase vestía traje y corbata. Ahora llevaba el pelo largo, blanco y recogido en una coleta, pantalones de pana marrones y botas de monte, un jersey grueso de lana y su mirada era muy limpia.

Estuvimos un buen rato charlando sobre el trabajo, la política, la familia y sus escapadas de alpinista, puesto que había subido varias veces al Mont-Blanc. Finalmente le pregunté:

—Braulio, ¿cómo puedo ayudarte?

Me miró sin decir nada. Parecía emocionado. Finalmente comenzó a hablar:

—Ya sabes que tengo tres hijas y son fantásticas, buenas chicas. Se han hecho mayores, Josecho, y ya están pensando en volar del nido. La primera que se va a independizar es mi hija mayor, Aurora. Se va a vivir con su novio a un piso y yo… —Braulio se quedó callado mirando al suelo— jamás le he dicho que la quiero. Ni a ella ni a las otras… —confesó entre lágrimas—. ¡Y no sé cómo hacerlo! Reconozco que me da miedo.

Me levanté despacio y le pedí que me abrazara. Tras unos segundos, me separé de él y le hablé:

—Vas a decirle a tu hija que la quieres, Braulio. Porque la quieres, ¿verdad?

—¡Claro que sí! Pero tal como te explico, no sé cómo decírselo.

Establecimos un plan de acción y empezamos a trabajar juntos. Descubrí que Braulio tenía un bloqueo que le impedía transmitir sentimientos. Fueron sesiones muy duras, ya que se abría muy poco. Estaba lleno de miedos, y cualquier confesión lo sumía en una sensación de debilidad.

Tenía la idea limitante de que transmitir cariño era cosa de mujeres y que decir «te amo» a un hijo era cosa de madres.

Supe que, de niño, su padre les prohibía a él y a sus hermanos que tuvieran gestos de cariño. Era un hombre muy frío que no permitía a sus propios hijos que se le acercaran si no era para darle la mano. «No somos señoritas, sino hombres con mayúsculas» o «aquí no se llora» eran expresiones habituales que habían perseguido a Braulio desde su más tierna infancia.

Por si fuera poco, había trabajado como director general de la empresa en la que su padre era presidente.

Se sentía castrado emocionalmente. Quería expresar sus sentimientos, pero no podía.

Durante las sesiones se esforzó muchísimo. A menudo le pedía que me abrazara. Quería conseguir que Braulio se sintiera cómodo al expresar una emoción con un gesto, una palabra, un abrazo, para que se diera cuenta de que eso no vulneraba la hombría en absoluto.

—¿Cómo será cuando llegue el momento? –me preguntó un día–. Igual me quedo paralizado –me confesó atemorizado.

—Ese momento será como tú lo desees –lo tranquilicé–, como tú lo sueñes, lo construyas, lo diseñes. Eres matemático de carrera –bromeé–. Descubre por ti mismo la ecuación para que el resultado sea el óptimo.

Y la descubrió.

Un día me confesó en el despacho:

—¿Sabes? Hoy he quedado a cenar con mi hija. Por primera vez en nuestras vidas, esta noche vamos a cenar en un restaurante los dos solos. Ella está muy extrañada. Muy extrañada. Y yo… yo estoy hecho un flan.

—Pero ¿quieres hacerlo?

—Más que nada en el mundo.

—Y, dime, ¿para qué quieres hacerlo?

—Para ella y para mí. Josecho, no quiero que mi hija se vaya de casa sin haber oído de mis labios que la quiero.

—Pues adelante, Braulio, ya estás preparado. Hemos hablado mucho, te has rebelado, hemos llorado y hemos reído juntos. Has descubierto a un hombre diferente al que pedía ayuda a su amigo.

Nos despedimos con un enorme abrazo en la puerta.

Aquel mismo día, a las cuatro de la madrugada, sonó mi teléfono.

—¡Ha pasado algo…! –le dije a mi mujer, que también se había desvelado.

Era Braulio y estaba muy alterado.

—¡Lo he hecho! Se lo he dicho, Josecho, ¡se lo he dicho!

—¿Y cómo ha reaccionado ella? ¿Qué te ha dicho?

—Que ya lo sabía… ¡Mi hija me ha dicho que lo sabía! Sabía que yo la quería, pero que nunca antes había sido tan feliz como en ese momento.

Éste es el relato valiente de una persona que se enfrenta a uno de los grandes miedos de la humanidad: verbalizar lo que sentimos, es decir, expresar nuestras emociones. Desde su niñez, a Braulio le habían inculcado que comunicar sus sentimientos era cosa de débiles, y que los hombres «jamás deben comportarse como niñas», según las palabras de su progenitor.

Superar esa creencia limitante le acerca notablemente a su hija y hace que su vida emocional tome otro rumbo.

Inteligencia emocional

Las emociones están presentes en el ser humano desde el seno materno, y la familia es el lugar donde se establecen los primeros vínculos emocionales. Son los padres, con el tipo de relación que establecen con sus hijos, los que hacen que los niños se puedan desarrollar emocionalmente, para llegar a ser adultos equilibrados.

Desde su infancia, Braulio había visto en casa que la figura paterna no ayudaba a crear espacios emocionales con sus hijos. Más aún, imperaba la opinión de que las emociones no son algo digno de los hombres. Este hecho reprime sus sentimientos, generando una comunicación emocional que presenta importantes déficits, y que le hace sufrir y le mantiene bloqueado.

Superar el miedo y empezar a expresar sus sentimientos origina que Braulio entienda que ese tipo de comunicación no es indigna. Al contrario, le trae beneficios personales y familiares.

EL LÍDER EMOCIONAL

«Las competencias emocionales resultan especialmente importantes en el campo del liderazgo, que apunta a lograr que las

---

personas lleven a cabo su trabajo del modo más eficaz posible. Es por esto por lo que la ineptitud emocional de algunos jefes consume tiempo, genera roces, desalienta la motivación y el compromiso, fomenta la hostilidad y la apatía y, en suma, provoca un menoscabo en el rendimiento laboral de los trabajadores».

Inteligencia emocional, DANIEL GOLEMAN

La inteligencia emocional en la empresa

Algo parecido sucede en el mundo de la empresa. ¿Cuántas veces nos encontramos con jefes irresponsables al mando de equipos y que son incapaces de verbalizar el reconocimiento a sus colaboradores?

Piensan que si lo hacen podría ser perjudicial, porque podrían perder jerarquía o parecer débiles, pero todo lo contrario: la inteligencia emocional aplicada a la empresa procura resultados espectaculares.

En este testimonio, lo que Braulio tiene más activo es su faceta racional. Cuando, a través del proceso de *coaching,* empieza a reconocer y expresar sus emociones, logra, al fin, combinar de manera efectiva ambas dimensiones.

Los padres de la *inteligencia emocional* (IE), apuntada por Salovey y Mayer ya en 2004, y divulgada por Daniel Goleman en su best-seller, han revolucionado el mundo del bienestar emocional, de la empresa y de las relaciones humanas.

Lo mejor de todo es que el *coaching* y la IE son viajes sin retorno: una vez que las personas interiorizamos estos procesos, ya no los abandonamos nunca. La comprensión y expresión de nuestras emociones pasa a ser parte indisociable de nosotros.

Descubrir y activar nuestra IE es el mejor regalo que podemos hacernos a nosotros mismos.

Una inteligencia para el éxito

De acuerdo con estudios realizados por Daniel Goleman y J. Freedman, entre el 70 y el 80 por 100 del éxito en la edad adulta, depende de la IE, de modo mucho más relevante que el coeficiente intelectual.

Esto es aún más trascendente en los cargos directivos, ya que buena parte de su trabajo es comunicarse con personas y motivarlas, y eso sólo es posible conociendo las emociones de los demás y expresando las propias de forma adecuada.

Las claves para una comunicación emocional efectiva son:

Conectar con tus emociones. Darte cuenta de lo que estás sintiendo; identificar de qué emoción se trata (enfado, frustración, tristeza, gratitud, etc.) es el primer paso para desarrollar la IE.

Conectar con las emociones del otro. Esto se consigue sobre todo leyendo su lenguaje corporal, poniéndonos en su lugar y, siempre que sea necesario, preguntando directamente cómo se siente ante determinada situación.

Comunicar las propias emociones. En lugar de enfadarse, criticar o señalar al otro, expresar cómo te sientes es el camino más corto para resolver un conflicto o reforzar un vínculo, como Braulio con su hija.

LOS 22 «QUÉS». 7.º ¿QUÉ VAS A HACER HOY PARA COMPARTIR TUS SENTIMIENTOS CON LOS DEMÁS?

Para entender a los demás, necesitamos ponernos en su lugar, es decir, practicar la empatía. Ésta es la herramienta básica del *coach*.

Para cualquier persona, el principio básico de la empatía es saber observar. Una vez reconocidas las emociones del otro frente a una situación, podemos sentir con él para poder entenderle.

Este ejercicio para desarrollar la IE consiste simplemente en incorporar cada día el reconocimiento y expresión de las emociones, las propias y las de los demás, en la ecuación de las relaciones humanas.

8. El clic que salvó una vida

Carlos Cabredo

Hace unos años, al terminar una clase del máster de Mediación Judicial en la Universidad Carlos III de Madrid, se me acercó un alumno. Tendría aproximadamente unos treinta y cinco años, y había seguido la clase con suma atención.

—¿Podría hablar contigo un momento, por favor?

—Estoy encantado de atenderte, dime en qué te puedo ayudar.

—Pertenezco a una familia empresaria y soy el mayor de cuatro hermanos. Por lo que he oído aquí en clase, creo que necesitamos un *coach* para mejorar nuestra forma de relacionarnos con mi padre. Mejor dicho, la forma que tiene mi padre de relacionarse con nosotros y con los trabajadores de la empresa que tenemos en Ávila.

A continuación me explicó que el padre era el director general y el presidente del Consejo de Administración. En la organización trabajaban todos los hermanos menos el pequeño, que estaba todavía en la universidad, y un par de primos.

—Nosotros, la nueva generación –siguió explicando–, pensamos que su manera de llevar la empresa se ha quedado desfasada, pero mi padre se resiste a admitirlo. Todos tenemos estudios superiores y estamos preparados para innovar y crecer, pero su autoridad es tan fuerte que no nos atrevemos a llevarle la contraria. Se hace muy complicado el día a día; incluso mi madre sufre mucho por esta situación.

Tras escucharlo atentamente, le expliqué que una parte importante de mi trabajo consiste en ayudar en los procesos de transición generacional. Es fundamental conseguir que los padres escuchen las propuestas de sus hijos y que éstos, a su vez, comprendan el esfuerzo y el mérito de los logros obtenidos por los padres.

Acordamos fecha para una reunión, y ese día me esperaban todos los miembros de la familia: don Carlos, el patriarca, un hombre alto, muy robusto y con gesto serio; Carlos, el hijo mayor y mi interlocutor hasta el momento, abogado y subdirector general; Pedro, segundo de los hijos, economista y director de fábrica; Inés, la tercera, abogada y responsable de compras; Ignacio, el pequeño, estudiante de ingeniería informática; y por último doña Inés, la madre, una señora menudita que tenía la cara muy triste.

En mi presentación les expuse la importancia del entendimiento intergeneracional en las familias empresarias para su supervivencia, así como la necesidad de practicar la empatía, porque dialogar y escuchar es aún más vital en este tipo de empresas.

Les hablé de cómo a muchos padres les cuesta ver a sus hijos preparados, al tiempo que muchos hijos consideran a sus padres ya caducos y no valoran su amplia experiencia, entre muchos otros temas.

Durante aquella primera sesión, cada vez que don Carlos me oía decir que los hijos se tenían que esforzar por comprender mejor a sus padres, asentía con la cabeza y sonreía, pero cuando era al contrario fruncía el ceño.

—Yo creo, Josecho, que aquí no vas a tener mucho que hacer –intervino–. Nos llevamos todos muy bien, nos queremos y la fábrica va viento en popa. Por mi parte, soy una persona muy dialogante, tolerante y empática. No creo que te necesitemos, pero quiero que decidan mis hijos. Ellos son el futuro y quienes te han traído aquí. Por lo tanto, que ellos se reúnan y diluciden…

Carlos hijo intervino rápidamente:

—Papá, ya está decidido. He hablado con mis hermanos y con mamá y todos queremos que Josecho trabaje con nosotros durante unos meses y nos ayude a mejorar. Nos va a venir bien tenerle cerca.

—Pues yo insisto en que aquí no es necesario, pero vosotros veréis…

Don Carlos dijo esta última frase con un tono nada amigable.

La fábrica era muy grande y tenía muchos empleados. Las máquinas estaban en una gran nave y los despachos, con amplios ventanales, quedaban elevados varios pisos, dando la sensación de que a través de los miradores se ejercía vigilancia sobre la parte productiva.

Durante los primeros meses el ambiente fue cordial, aunque a veces a don Carlos le salían ramalazos despóticos y poco conciliadores, pero como yo estaba delante, se frenaba y «la sangre no llegaba al río».

Mi impresión era que estaba contenido, que no actuaba con naturalidad, hasta que un día vi cómo salía airado de su estudio, bajaba las escaleras y se dirigía a un empleado gesticulando y dirigiendo su mano hacia la calle. Sin duda, le estaba indicando la puerta.

Al regresar al despacho, sus hijos, Carlos y Pedro, le estaban esperando.

—¿Qué ha ocurrido papá? –preguntó el mayor.

—He despedido a ese operario –contestó sin vacilar–. Estaba fuera de su puesto de trabajo y no voy a consentir ninguna indisciplina en esta empresa. Además, ha intentado cuestionarme…

—Hombre, papá, no se iba a quedar callado… –contestó Pedro, airado–. Estaba en su tiempo de descanso.

—Los tiempos de descanso ya están establecidos –saltó Don Carlos–. ¿O es que aquí cada uno hace lo que le sale de los cojones?

—Ese operario estaba haciendo una pausa fuera de hora, porque durante el descanso que le correspondía estuvo arreglando una máquina que se había estropeado –casi gritó Pedro.

—¡Lo que me faltaba! ¡Mis hijos se ponen del lado de los otros! Me estás cuestionando y no te lo voy a consentir. Está despedido y no me voy a volver atrás. O ¿quieres que sea el hazmerreír de toda la fábrica? ¡Estipulad bien los horarios, coño! Siempre tengo que estar detrás de todo. Además, hago lo que vosotros no tenéis huevos para hacer. Es necesario que la gente sepa quién manda aquí, si no, os tomarán por el pito del sereno. ¿Es que no os dais cuenta? ¿Cómo voy a dejaros solos?

Nos quedamos todos mudos. Había despedido a un operario sin razón, de manera injusta, y en vez de reconocer su error estaba gritando a sus hijos.

Comprendí que aquel hombre no tenía intención de cambiar y que yo debía ser más persistente y directo en mi estrategia. Así lo hice. En una de las siguientes sesiones de trabajo con él, le pregunté:

—¿Cómo te sientes?

—Bien. ¿Por qué me lo preguntas? –respondió, sorprendido.

—Porque el otro día despediste a un operario y he pensado que…

—Sí. ¿Y…?

Me quedé mirándole, sin contestar. Hubo un silencio incómodo. Luego me habló con un tono menos prepotente:

—A veces me da la sensación de que eres la voz de mi conciencia, Josecho. De acuerdo, aquel día me equivoqué… pero no puedo ir a mis hijos a decírselo. Eso me haría parecer débil. Además, con este despido la gente coge miedo y trabaja mejor. Ya sé que crees que debería reconocer mi error y hablar con ellos de este asunto. Pensarás que no he aprendido nada. Lo siento, a veces me pierden mis formas. ¿Qué quieres que haga? Yo soy así. ¡Joder, Josecho, que es sólo un puto operario…!

—Permíteme que te corrija en algo, Carlos. La gente que tiene miedo a perder su empleo no trabaja mejor. Al contrario, se ha comprobado que los empleados trabajan mejor y son más productivos cuando no tienen miedo a las decisiones arbitrarias y desproporcionadas de sus jefes, cuando saben que sus superiores confían en ellos y pueden dormir tranquilos. Hoy en día entendemos que una empresa funciona mejor y es más productiva cuando prevalece en ella la confianza, no el miedo. Para eso has enviado a tus hijos a formarse en las mejores universidades. Carlos, si estás seguro de que has hecho lo correcto, no rectifiques, pero te pido que reflexiones sobre ello. Éste es mi trabajo y será tu tarea para la próxima sesión.

Pasaron varios meses de arduo trabajo. En ese tiempo, los miembros de la familia se iban comunicando mejor. Doña Inés, cada vez que coincidía conmigo, me daba unos abrazos intensos y ya sonreía.

Cuando ya estaba preparando mi salida de la empresa, en una de las sesiones, estaba charlando con don Carlos y me pareció ver a través de los ventanales de su despacho al operario que había despedido meses atrás.

—Carlos… –pregunté–, pero ¿ése no es el operario que…?

—Sí, es él –me contestó–. Me has enseñado a darme cuenta de las malas decisiones y por eso él está aquí. No lograba quitarme de la cabeza el día en que lo despedí, así que hace un par de meses fui personalmente a su casa y le pedí que volviera. Le pedí disculpas por mi error y lo traje de nuevo conmigo. Es más, lo he ascendido a un puesto de más responsabilidad para que sea parte importante de esta casa.

Dicho esto, me explicó que había descubierto que le daba mucha paz escuchar a sus hijos, y que había comprendido que ellos eran el futuro. También había valorado la paciencia de Inés, tantos años casada con aquella empresa y sin dejar de quererlo y respetarlo.

¿Dónde estaba aquel don Carlos arrogante? ¿A qué país lejano se había ido? Fue en aquel momento cuando más grande parecía.

Aquel mismo día, cuando ya salía por la puerta a la calle, oí unos gritos.

Era justamente el operario del que habíamos hablado, que me hacía señas desesperadas desde el despacho de don Carlos. Su grito era desgarrador.

—¡Llame a una ambulancia! ¡Don Carlos se ha desmayado! –alertaba mientras entraba y salía del despacho echándose las manos a la cabeza.

Llamé al 112 y luego corrí hasta el despacho y vi cómo don Carlos yacía en el suelo. Jadeaba y se quejaba de un fuerte dolor en el pecho. Alfonso, que así se llamaba el operario, le soltaba la corbata, le abanicaba y trataba de reanimarlo. Todo hacía pensar que estaba sufriendo un infarto.

Don Carlos salió adelante. Estuvo varias semanas en el hospital y finalmente le dieron el alta. Fue entonces cuando Pedro, su hijo, me llamó:

—Josecho, a papá le gustaría verte. ¿Puedes pasarte por casa?

Al día siguiente estaba sentado con él, en su salón. Hablamos de lo sucedido, de los días ingresado, de todo el tiempo que había tenido para pensar, de Alfonso, de sus hijos, de su mujer, de la empresa, de él mismo…

Me miró, me agarró fuerte las manos y me dijo:

—Gracias, Josecho, por haberme enseñado a superar mi arrogancia y a comprender que la clave está en confiar en los demás. Sin ese aprendizaje, probablemente hoy no estaría aquí.

COMENTARIO

Este relato nos habla de un empresario con toda una vida al frente de su organización. Por un lado, entiende que ya tiene suficiente edad para ir delegando y cediendo el testigo a sus hijos. Por otro lado, cree, de una manera equivocada y limitante —la vida se encargará de demostrárselo después—, que si no está él al frente de la empresa, las cosas no van a funcionar bien y podría, incluso, desembocar en un cierre.

Su estilo de liderazgo es «impositivo, defensivo, autoritario y desfasado», según la opinión de sus hijos.

> «Nunca serás un gran líder si quieres hacer todo por ti mismo o sólo obtener el crédito de ello».
>
> ANDREW CARNEGIE

Miedo a delegar

La actitud de don Carlos nos habla de miedo. Tiene un temor no justificado a que sus hijos le aparten de la gestión y, desde el primer momento, ofrece una fuerte resistencia a que nadie intervenga en su feudo. Sus actos van encaminados a demostrar constantemente su jerarquía, llegando, incluso, a efectuar el estrambótico despido de un operario de su empresa, con su posterior justificación.

Sin embargo, la esencia de este hombre es muy diferente a la que hace ver exteriormente, como luego demostrará.

En este caso, el trabajo del *coach* es ayudarle a ver la situación y *sustituir el miedo por la confianza*. Cuando esto sucede, su actitud da un giro importante y lo acredita readmitiendo a su colaborador.

> «El secreto de éxito en las familias empresarias radica en la clase de familia que se es, y en los valores y principios que se transmiten a las nuevas generaciones».
>
> GONZALO GÓMEZ BETANCOURT

Los problemas de la empresa familiar

En España, como sucede en muchas otras partes del mundo, el 85 por 100 del tejido productivo está constituido por empresas familiares. Y un dato alarmante: sólo un 15 por 100 de estas empresas llegan a la tercera generación.

Podríamos pensar que eso es debido a la fuerte competencia, a los altos endeudamientos, a las deficiencias organizacionales o a la situación económica en general, pero el primer agente de la desaparición de estas empresas es la desavenencia entre familiares.

Jerarquías incongruentes, falta de planificación en la sucesión, celos, desconfianza, falta de comunicación, confusión entre roles familiares y empresariales, etc., son problemas que hacen que muchas empresas familiares no sobrevivan a las generaciones y al tiempo.

Esto es así porque en la empresa familiar ocurre algo que no sucede en otras organizaciones, y es que se mezclan los sentimientos con los intereses económicos.

En los años que llevo trabajando como *coach*, he visto muchas problemáticas relativas a este tema. Si los problemas generacionales los sufren casi todas las familias sin relaciones mercantiles, ¿cómo no van a existir en aquellas que manejan negocios?

Por un lado tenemos a los fundadores, los padres, y por otro, a los sucesores, los hijos. Los primeros deben prepararse a lo largo de su vida para ceder su lugar a los segundos, que vienen empujando y pidiendo sitio.

Pero no siempre ocurre así. En un estudio realizado entre familias empresarias hace algunos años, ante la pregunta: «¿A qué edad deberías retirarte?» entre los empresarios mayores de 65 años, el 48 por 100 contestó: «Nunca».

Esta visión inmovilista choca con la que tienen los hijos de los empresarios, que consideran muchas veces a sus padres incapaces y ya caducos, desconectados de los avances y de las nuevas tecnologías que ellos dominan.

Pero este panorama desalentador tiene soluciones que están a nuestro alcance, y que pueden abrir una esperanzadora puerta al futuro.

«Para delegar responsabilidades en su organización, y hacer que las buenas ideas se desarrollen junto con las responsabilidades, antes que nada debe escuchar lo que sus colaboradores y asociados están tratando de decirle».

SAM WALTON

La sucesión

En la empresa familiar, el momento de la sucesión es uno de los más delicados que atraviesa la organización a lo largo de su existencia. La elección del sucesor y la aceptación por parte del resto de miembros despierta gran controversia.

El papel del *coach* es evitar que se produzcan rupturas dramáticas entre las personas que componen la empresa, con el correspondiente daño económico y el peligro de desaparición de las organizaciones.

«Esto es mío, yo lo creé y sin mí esta empresa no es nada» es una clase de pensamiento que impide avanzar y bloquea la llegada de las siguientes generaciones. ¿Cómo podemos ayudar desde el *coaching* a resolver esta clase de conflictos?

- Favoreciendo una comunicación clara, asertiva y fluida.
- Enseñando a las familias a ceder por el bien común.
- Haciendo del respeto un fundamento de vida.
- Logrando el compromiso de todos los miembros de la familia con los objetivos del negocio.
- Formando a los más jóvenes para capacitarlos en la gestión.
- Consensuando una jerarquía para que las sucesiones se realicen con éxito.
- Primando la ética y la honestidad en las relaciones.
- Manteniendo la unidad en la familia, gestionando los conflictos desde el entendimiento y el cariño.
- Ayudando a establecer acuerdos que faciliten la convivencia.

En el caso de Carlos Cabredo, no fue sólo el susto lo que le ayudó a cambiar de actitud. Un «clic» en su conciencia le había permitido ya ver con claridad, gracias al proceso de *coaching*. *Sustituir el miedo por la confianza* le había ayudado a dar un gran paso hacia delante.

PREGUNTAS AL LECTOR
- ¿Cuándo fue la última vez que te dejaste llevar por la ira?
- ¿Qué consecuencias tuvo esa situación?
- ¿Qué crees que hizo cambiar de actitud a Carlos Cabrero?
- ¿Qué emociones dirigen tu vida?

Algunas claves para convivir en la empresa familiar

En este tipo de organizaciones hay una serie de medidas que necesitamos tomar para mejorar las relaciones entre todos:

- *Ser conscientes de la ambivalencia en los roles de la empresa familiar.* El padre que por la mañana desayuna con su hijo debe saber que, una vez en la oficina, cada uno debe ocupar su cargo y responsabilidad, actuando en consecuencia, sin excusas de ningún tipo.
- *Distinguir la comunicación familiar de la propiamente de empresa.* Ambos lenguajes tienen su función y deben ser utilizados en los roles correctos. Aunque al principio cueste de asimilar, la madre que nos prepara una paella el fin de semana será simplemente nuestra jefa el lunes.
- *Nunca llevar los problemas de la empresa a casa y a la inversa.* Saber distinguir ambos espacios y mantenerlos estancos en la medida de lo posible.
- *No contar a nuestro cónyuge peleas entre familiares que pueden ser temporales.* La pareja puede entender que la persona que nos ha ofendido es «mala» y sacarlo a colación cuando el problema ya se ha arreglado, con lo cual sólo amplificamos una polémica que debería quedar aparcada.

Al decidir algo que va repercutir en nuestro futuro y en el de los demás, debemos asegurarnos de que nuestras emociones han reposado suficientemente. Tanto para la empresa como para la vida personal, hay una máxima de vida que reza: «No tomes decisiones importantes a partir de emociones pasajeras».

LOS 22 «QUÉS». 8.º ¿QUÉ HAS HECHO HOY PARA CONFIAR E INSPIRAR CONFIANZA?

Decía el editor y profesor Jordi Nadal que «la confianza no es algo que se pueda tener a medias, o confías o no confías». La calidad de nuestras relaciones con los demás, incluyendo a nuestra pareja, depende de los vínculos de confianza que somos capaces de fomentar.

Este ejercicio requiere, primero, que identifiques a las personas en las que confías y, a la inversa, las que sabes que confían en ti. Éste es un tipo de relación que se tiene o no se tiene, pero que se construye día a día a través de pequeñas decisiones y detalles. Cuando la confianza se rompe, cuesta mucho recuperarla.

Por eso mismo te propongo que observes cada día lo que has hecho para aumentar tu aporte de la valiosa vitamina C –de «confianza»– en tus relaciones.

9. El folio en blanco

Testimonio de Clara Izaga

«Me llamo Clara y soy opositora a notarías.

Ahora sé que la vida nos ofrece una hoja en blanco cada vez que nos levantamos de una caída, para que escribamos en ella todo lo que deseamos hacer, lo que queremos ser. Cada día es una oportunidad para llevar a cabo nuestros objetivos, para disfrutar de todas las cosas buenas que nos rodean. Para moldear y transformar nuestros intereses en algo más que una rutina.

¿Por qué no aprovechamos cada segundo de esta manera? ¿Por qué suena el despertador y seguimos dormidos?

Yo llegué en un trayecto cualquiera de A a B para conocer la C de *coach*. Por aquel entonces, me encontraba sin fe y sin ilusión, tal como solía hacer todas las cosas.

Iba de psicólogo en psicólogo y de psiquiatra en psiquiatra, buscando rellenar esa página en blanco con soluciones que no era capaz de encontrar dentro de mí misma. Había llegado a ese cruce de caminos que, en muchas ocasiones, se nos presenta en el devenir de nuestra vida. Y… me había quedado sentada sin saber qué dirección tomar.

Al principio, Josecho me pareció una persona seca, aunque rodeada de un aura señorial de otros tiempos. Con su escucha tranquila y respetuosa, enseguida percibió mi hermetismo y mi falta de interés.

No me dejó que estuviera mucho tiempo regodeándome en aquello. Él ya conocía mi historial, así que rápidamente me puso a trabajar.

—¿Por qué no me haces una lista con las cosas que más deseas?

Yo le miré con mucha desconfianza. «Porque no me da la gana», pensé. Pero no podía hacerle aquello a un caballero. Y comencé a escribir. En una de las pausas que me di para pensar, entendí por su sonrisa que estaba maquinando. Lo veía en sus ojos.

Entonces añadió:

—Escribe también alguna locura que crees que no va a sucederte nunca.

Sorprendida por esto último, continué escribiendo, quizás por la necesidad de cumplir con la tarea que me había llevado a aquel despacho. ¿Locura? Probablemente la principal que había cometido hasta el momento era embarcarme en aquella durísima oposición que estaba acabando con mi juventud, con mis ilusiones y con mi buen humor. Todo por hacer caso a los demás, cuando lo que yo quería era ser una notaria de renombre y vivir con comodidad…

Me costaba encontrar deseos. Quizás porque me parecían irrealizables, o porque los había perdido en el camino. Estaba atrapada en la creencia de que nada me podía ir bien, pero él volvió a empujarme:

—Piensa que, ahora mismo, este folio en blanco es tu vida. Y tú eres la única que puede escribir en él.

Esto último me pareció un desafío y me impulsó a terminar mi listado. De repente, me atrevía a dar rienda suelta a muchos deseos dormidos que me avergonzaba reconocer.

Sí. Quería viajar, tener alguien que me quisiera, relacionarme más, que me llamaran para ir a fiestas, ganar dinero, ser conocida en mi profesión…

Para mi asombro, pronto me vi manejando mi destino. El trabajo con el *coach* supuso meses de conversaciones y preguntas. Muchas preguntas. Pero las planteaba con tanta dulzura que no me sentía interrogada ni cuestionada.

Hasta que empecé a despertar. El despertador de mi corazón volvió a sonar y esta vez me levanté de un salto. Por fin pude volver a sentir la luz, como si alguien le hubiera dado al interruptor de mi vida.

«¡Puedes conseguirlo!», la frase de Josecho fue el punto de partida de un nuevo viaje vital.

A partir de ese momento, todos y cada uno de aquellos deseos se han ido haciendo realidad. El folio en blanco se había convertido en una bella historia llena de sueños cumplidos y por cumplir.

Hoy trabajo en un despacho con otros compañeros. Tengo un novio estupendo que me quiere mucho, y viajamos todos los años un par de veces al extranjero. Me mantengo económicamente por mí misma y, lo más importante: hago lo que quiero, no tengo que rendir cuentas a nadie. En definitiva, soy feliz.

COMENTARIO

En este relato nos encontramos con una mujer joven con un gran potencial: está preparando sus oposiciones a notarías, pero se encuentra vacía. El esfuerzo que le supone prepararse para su futuro la ha dejado varada y se le agolpan un montón de preguntas sin respuesta.

La presión de su entorno la ha llevado por un camino que ahora le parece intransitable. Quiere ser ella quien elija, pero no sabe cómo ponerlo en marcha. En definitiva, es incapaz de solucionar su problema, se encuentra atrapada. De repente, Clara se siente paralizada, sin metas, objetivos ni ilusiones.

Entender que está en su mano cambiar esa situación le permitirá despertar de su letargo y empezar a ejercer de guionista de su propia vida.

«La peor decisión es la indecisión».

BENJAMIN FRANKLIN

Un folio en blanco

El *coaching* es un proceso, un viaje personal que nos lleva desde el punto en el que nos encontramos hasta donde se halle nuestra meta y nuestros sueños. Nos enseña a *hacernos responsables de nosotros mismos para convertirnos en protagonistas de nuestra vida.*

Como en el caso de Clara, no escucharnos tiene consecuencias en la calidad de nuestra vida y nuestro estado de ánimo.

El «folio en blanco» del que habla este testimonio hace referencia a la cantidad de opciones que se nos presentan en la vida, aunque a veces estamos tan cegados por los agobios que no sabemos verlas o, peor aún, nos quedamos confusos sin saber por cuál de ellas debemos optar.

Voy a partir de una afirmación arriesgada pero certera: *en la vida, casi todo es posible.* Todo empieza discerniendo nuestro presente y nuestro futuro en ese folio del que hemos hablado.

> «Algunas personas quieren que algo ocurra,
> otras sueñan con que pasará,
> otras hacen que suceda».
>
> MICHAEL JORDAN

La motivación como motor

Muchas personas están desmotivadas, no tienen ilusiones y no encuentran sus «para qué». Esto puede convertirse en una justificación para no hacer nada, esperando que la motivación caiga del cielo.

Durante el proceso de *coaching* aprendemos a generar motivación, sin esperar a que ésta nos llegue.

La motivación es aquello que nos permite seguir luchando para conseguir aquello que deseamos.

Creemos que necesitamos estar motivados para actuar, pero esto no siempre es así. Al contrario, *necesitamos actuar para generar motivación.*

El poder del *ikigai*

En el libro de Héctor Kirai y Francesc Miralles sobre los secretos para una larga vida de los japoneses, la clave de la motivación está en encontrar un propósito vital:

«Todo el mundo tiene un *ikigai,* lo que un filósofo francés traduciría como «raison d'être». Algunos lo han encontrado y son conscientes de su *ikigai,* otros lo llevan dentro, pero todavía lo están buscando. El *ikigai* está escondido en nuestro interior y requiere una exploración paciente para llegar a lo más profundo de nuestro ser y encontrarlo. Según los naturales de Okinawa, la isla con mayor índice de centenarios del mundo, el *ikigai* es la razón por la que nos levantamos por la mañana».

Una forma de alimentar ese motor interno que nos permite soñar y avanzar es poner en negro sobre blanco aquello que esperamos de la vida y de nosotros mismos. Cuando descubrimos lo que nos apasiona, aquello que podemos hacer por los demás y por nuestra vida, el propio *ikigai* se enciende como un faro que nos guía en medio de la tormenta.

LOS 22 «QUÉS». 9.º ¿QUÉ TE FALTA PARA LLEGAR ADONDE QUIERES LLEGAR?

Una vez fijes tus propósitos vitales, cuanto más concreto seas, más fácil te resultará poner rumbo hacia nuevas ilusiones. Por eso mismo, en este ejercicio te pido que plasmes por escrito qué deseas de la vida, cuánto has conseguido ya y qué te falta para llegar a la meta que te hayas fijado.

Una vez sepas lo que te falta por hacer, se trata de poner en agenda los pasos que debes dar para llegar al objetivo soñado. Cada día puedes hacer algo para estar un poco más cerca de tu destino, si asumes que eres el guionista, director y protagonista de tu propia película.

10. Un corazón en su armadura

Testimonio de Manuela Monreal

«Nunca he sido de "perder el tiempo". Y mucho menos de expresar sentimientos. Tengo demasiadas cosas importantes que hacer como para ponerme a llorar como una nenita.

Así había pensado durante mucho tiempo, y todavía hoy tengo que luchar contra eso.

Trabajar con un *coach* fue para mí una decisión valiente. Hay que tener muchas ganas de ir hacia delante. Una vez empiezas, debes estar dispuesto a saltar todas las vallas que se te pongan en el camino, que en mi caso eran muchas.

Tengo grabada una de las frases de aquel primer encuentro con mi *coach:*

—Todo el mundo que trabaja conmigo acaba dejando aflorar sus emociones.

No era una cámara de tortura lo que me esperaba, pero una parte de mí lo vivía así.

—Eso habrá que verlo. Te va a costar conmigo –le contesté desafiante.

Estaba tan molesta que, por unos minutos, dejé incluso de prestar atención a la conversación. ¿Qué era esto de hablar de sentimientos? ¿Una encerrona? Yo no había ido a ver a un *coach* para que me hablara de esas mandangas. Mi objetivo era salir a flote como empresaria en un mundo de testosterona.

De repente, me encontré ante un montón de preguntas a las que no tenía ganas de responder. Las cuestiones emocionales que él me estaba planteando no me podían interesar menos.

Yo quería hablarle de cuánto tenía que luchar por conseguir que me tomaran en serio mis seis hermanos en la empresa familiar. Éste es un mundo de hombres donde, o te haces valer, marcando tu territorio, o te comen.

Durante los primeros meses sus preguntas hacían que me enfadara, pero al mismo tiempo me iban desarmando. En lugar de enfocar la conversación a lo que a mí me preocupaba, me hablaba de emociones o comunicación. En más de una ocasión salí de su despacho dando un portazo.

—¡Joder con el *coach*…!

Nunca pensé que trabajando con un desconocido acabaría apareciendo mi vida interior.

A lo largo de aquel proceso, entendí algo muy importante: que al quitarme la careta y mostrarme como soy, no pasaba nada grave. Que no podemos estar siempre protegidos detrás del búnker, olvidándonos de vivir. Y que decir «te quiero» es lo más maravilloso que hay en la vida.

Aprendí también que *cuando uno camina con los zapatos de los demás, entiende de dónde vienen las cojeras.* ¡Qué fácil es criticar! ¡Con qué alegría juzgamos las actuaciones de los otros!

¿Y qué hay de los propios miedos? El *coaching* me ha enseñado a ser constante y a perseguir mis sueños vayan donde vayan, corran lo que corran.

Innumerables veces en mi vida he pensado que era imposible llegar… y he llegado, he creído que no podía… y he podido. Me he encontrado en el suelo temiendo que no lograría levantarme… y me he levantado.

He aprendido que, en el camino de la vida, es importante dejar un hueco para que alguien te acompañe, y tener la puerta abierta para que salgan los sentimientos y emociones que guardas en tu interior.

Una clave en mi renacer fue el hecho de eliminar el «no» de mi vida, todo aquello que estaba negando en mi mente y que, por lo tanto, no llevaba a cabo.

Al mismo tiempo, aprendí a manejarme en situaciones de crisis, a controlar los tiempos, el caos, el estrés. Me concedí la facultad de abandonar las creencias limitantes y me ejercité superándome día a día. De haber sido olímpica en pértiga, me habrían dado el oro.

A día de hoy, puedo decir que he logrado *dejar de hacer cosas urgentes para hacer lo que realmente importa, que es vivir*».

COMENTARIO

Este testimonio nos habla de Manuela, una mujer que dice que se siente atrapada en un mundo de hombres. Esto la ha llevado a pensar que expresar sus sentimientos la dejaría al descubierto y le haría parecer vulnerable.

Al iniciar el proceso de *coaching*, una y otra vez siente que las preguntas del proceso la desafían, y las vive como una amenaza que le hace sentirse insegura y le impide abrir su corazón.

Manuela es una persona en continua defensa de su territorio. Cree que la agresividad es necesaria para sobrevivir en un mundo lleno de testosterona. Curiosamente no es una *rara avis*, sino que hay muchas personas que piensan como ella.

> «El cambio es una puerta que solamente puede abrirse desde dentro».
>
> TERRY NEILL

La resistencia al cambio

El miedo a lo desconocido y a no saber cómo actuar, por considerar que es demasiado difícil o imposible, son dos grandes frenos para quien necesita una revolución en su vida. Sin embargo, descubrir que el cambio está en nuestra mano y que es asequible nos abre un mundo lleno de oportunidades para sentirnos mejor.

Salir de nuestra zona de confort puede producirnos incomodidad, ansiedad y miedo. Un miedo que puede llegar a paralizar todo nuestro proceso de mejora.

Para atenuar los aspectos negativos del proceso de cambio es preciso *identificar la ruta que vamos a seguir*, desde nuestro punto de partida hasta donde queremos llegar. Eso hace visualizar a Manuela los posibles obstáculos y dificultades que se va a encontrar en el camino, pero también las mejoras que irá adquiriendo hasta su meta.

El cambio de las personas, muchas veces requiere ayuda externa; no todos estamos capacitados para cambiar por nosotros mismos. Parafraseando la conclusión a la que llegó Manuela: «Ni han desaparecido las turbulencias, ni el avión se mueve menos. Lo que ha ocurrido es que nos hemos convertido en pilotos, y el hecho de pilotar la nave nos hace estar más seguros y disfrutar más del viaje».

> «Si cambias tus pensamientos, cambias tus emociones.
> Si cambias tus emociones, cambias tu actitud.
> Si cambias tu actitud, cambias tu vida.
> Y si cambias tu vida, cambias tu destino.
>
> Quien puede cambiar su pensamiento,
> puede cambiar su destino».
>
> STEPHEN CRANE

Los cambios en las organizaciones

No hace mucho tiempo escuchaba decir a un directivo de una importante organización empresarial española: «A mí no me importan los cambios en mi empresa, que por cierto son muchos e importantes; lo que no quiero es que me toquen mi puesto, ni mis responsabilidades, ni mi salario. Que cambien, que cambien. Pero a mí que no me miren».

Esta reflexión la hacía un directivo de apenas cuarenta años. Desgraciadamente es un pensamiento muy extendido en la sociedad actual: que cambien, pero que cambien a otros. Que cambien los demás, que yo estoy muy bien donde estoy. Que cambien en mi empresa, pero a mí que no me toquen... Son expresiones que oímos con demasiada facilidad.

El mundo avanza gracias a los cambios que se producen en las personas. Si no estuviéramos ni obligados ni motivados para avanzar, todavía viviríamos en las cavernas.

PREGUNTAS AL LECTOR
- ¿Cuándo vas a empezar a volar hacia lo que deseas realmente?
- ¿Estás atado a tus miedos, o vas a empezar a avanzar en tu vida?
- ¿Cuándo vas a dar ese primer paso que te falta para acercarte a tus deseos?

Los avances casi siempre vienen acompañados de dificultades, obstáculos, dudas, tropiezos y contratiempos, pero la voluntad y la ambición para el cambio nos permiten seguir con el rumbo firme hacia nuestro horizonte.

En el caso de las organizaciones, hay otros obstáculos que pueden paralizar los cambios:

a) Las personas no conocen ni la naturaleza del cambio ni los objetivos que se persiguen, sea porque nadie les ha informado o porque ellos no han tenido ningún interés en enterarse.
b) No pueden cambiar porque creen que no están capacitados, consideran que sus habilidades no están a la altura de ese cambio.

c) Simplemente, no quieren cambiar. No quieren variar sus costumbres ni sus hábitos.

d) Creen que los que tienen que cambiar siempre son los otros.

LOS 22 «QUÉS. 10.º ¿QUÉ PRIMER PASO SIGNIFICARÁ UN GRAN CAMBIO EN TU VIDA?

Siguiendo la filosofía del *kaizen*, los japoneses saben que un pequeño esfuerzo diario en la dirección correcta acaba obrando un gran cambio. No obstante, la cuestión es dar ese primer paso.

Como decía Lao-Tsé, «Un viaje de mil millas comienza con el primer paso». En este ejercicio nos preguntaremos cuál es ese primer movimiento que nos va a poner en ruta hacia el cambio que deseamos.

Ya identificado, se trata de dar el paso cuanto antes, y una vez en marcha, como decía el poeta andaluz, haremos camino al andar.

11. Las olimpiadas de la resiliencia

Lucía Sarasate

Desde el recibidor de la pequeña oficina se podía ver a varias personas trabajando afanosamente en sus ordenadores. Sentía sus miradas, preguntándose quién sería aquel individuo que estaba esperando a su jefa.

Unos minutos después, me encontré en un despacho con una mujer menuda y muy seria. Se atrincheró detrás de su mesa y desde allí me tendió la mano.

—Gracias por atender mi llamada. Mi amiga Marta, que ha sido alumna tuya, me dijo que me podías ayudar. Te anticipo que yo no creo en esto y que no tengo tiempo para crecimientos y circos. Teniendo en cuenta que atiendo un promedio de 60 llamadas diarias, cualquier minuto que dedique a otra cosa lo considero un lujo.

Sonreí, asintiendo con la cabeza. Mientras conversábamos, comprobé que se producían continuas interrupciones.

—Tengo muchísimas responsabilidades y poca ayuda. Manejar una organización sin apoyos me ha acarreado un sinfín de secuelas y... ¿cómo decís vosotros? ¿Creencias limitantes? No me gusta nada lo que hago. Para mí, esto es una prisión. Me vi abocada a llevar este negocio por la repentina muerte de mi padre cuando él tenía 48 años...

En este punto se quedó callada. Lucía aún recordaba aquel momento con amargura. Sus ojos, a pesar del tiempo transcurrido, todavía se humedecían.

—Quería mucho a mi padre y se fue. Se marchó, sí. Sin una sola palabra. Rápido. De un infarto. Yo estaba estudiando y aquello me dejó sin opciones. He tenido que luchar en tantas batallas, escapar de tantos sinvergüenzas y hacer frente a tantas deudas que no me quedan fuerzas para mí. Cientos de noches durmiendo en el sofá con el ordenador en la mano, sin poder acostar a mi hija. Ni siquiera tuve tiempo para llorar. Es como si una parte de mí se hubiera quedado paralizada y otra en su lugar tomara el mando…

Respiró profundamente antes de continuar:

—A mis casi cuarenta años, por primera vez, me planteo pedir ayuda. Necesito que mi vida dé un giro, Josecho. No puedo más. Tengo la sensación de que todo se me va de las manos.

—De acuerdo, Lucía. Me gustaría ayudarte. Vamos a hacer unas sesiones de prueba a lo largo de unas semanas y, si no estás segura de querer continuar, lo dejamos. A cambio, solamente te pediré que respetes nuestro tiempo, sin atender llamadas durante nuestras reuniones, y que nuestras citas se conviertan en algo prioritario para ti. ¿Estamos de acuerdo?

—De acuerdo. Por cierto, soy muy tozuda. A veces me obceco en las cosas y cuando se me mete algo en la cabeza es muy difícil sacármelo de ahí. Te aviso para que no te extrañes.

—Probablemente tu tozudez nos sirva para que alcances de una manera más franca tus objetivos.

Lucía me pareció una mujer entrañable. Mantenía una imagen distante, incluso diría que dura. Con el tiempo descubrí que era una defensa para protegerse del exterior. Comenzamos con las sesiones tal y como habíamos quedado y, a la tercera, me confirmó que quería continuar. Entonces le expliqué nuestro plan de acción;

—Lucía, para mí eres una atleta. Por ejemplo, de salto de altura. Una atleta que, sin preparación especial, has tenido que participar en competiciones de élite, en finales con medallas, en los juegos olímpicos que son las organizaciones empresariales. Y tus marcas son buenas. Aunque no saltes 2,15 metros para medalla de oro, saltas 1,60, que para tu altura no está mal –bromeé.

Lucía sonreía sin saber hacia qué lugar le llevaba su preparador.

—Yo estoy contigo para que seas medalla de oro. Campeona del mundo. Pero mi misión no es sólo hacer que te sientas bien, sino también ayudarte a gestionar tu tiempo mejor, a manejar tus emociones, a adquirir nuevas habilidades que te ayuden a conseguir tus sueños. Si no aspiras a ser la mejor en todo eso, te quedarás en el medio.

—Estoy preparada. ¿Por dónde empezamos? –preguntó entusiasmada.

—Para comenzar, nos vamos a esforzar en perfeccionar nuestras destrezas. Comunicación con nosotros mismos y con los demás es el punto de partida para valorarnos más, para ser mejores y para que… no te quedes ni una noche más sin dormir por estar trabajando…

Tras unos meses de intensas reuniones, de tareas, de reflexiones, de duro entrenamiento, los resultados acompañaban. Ella había aprendido, entre otras muchas cosas, a delegar, y esto le permitía tener más tiempo libre para poder generar nuevas vías de negocio. Sus mensajes se dulcificaron y ya no se exigía tanto.

Aprendió a trabajar cada día con mis cuatro «qués»: «¿Qué ha sucedido hoy que merezca la pena?». «¿Qué he podido hacer mejor?». «¿Qué he aprendido?». «¿Qué he hecho hoy por lo que me debo sentir orgulloso?».

La vida de Lucía cambió. Avanzábamos ya sin miedo hacia su medalla de oro. Se sentía querida y respetada por su equipo y por sus colegas. Le llovían los clientes. Tuvo que aumentar la plantilla y, por primera vez desde hacía muchos años… empezaba a sentirse feliz y satisfecha.

Hasta que un día volvieron a aparecer los miedos, miedos diferentes a los que ya conocíamos:

—Creo que si las cosas me van tan bien, igual es porque luego me van a ir muy mal. Recuerdo que cuando mi padre murió, yo era muy feliz y en un segundo todo se truncó.

—Lucía, los miedos son los únicos que nos pueden apartar de nuestro objetivo. Y al miedo sólo se le gana con la acción. Actúa. No frenes y sigue con tus objetivos. ¿Tienes ya tu medalla de oro?

—No.

—Pues no abandonaré hasta que no seas campeona del mundo. Tú eres tenaz… pero yo también.

Unos meses después me llamó para darme una noticia:

—¡Josecho, me han llamado de la radio! –jadeaba como si acabara de subir un montón de pisos–. De la cadena Radio Económica Europea. Quieren que colabore en un programa de opinión.

—¡Qué buena noticia! Es la medalla que estabas esperando, Lucía. Tu final olímpica.

Dos semanas después, a la hora establecida, sintonicé el dial de la cadena en mi despacho y me dispuse a escuchar el programa:

—Buenas tardes, España, me llamo Lucía y a partir de hoy estaré con ustedes para hablarles de esos aspectos de la economía que en muchas ocasiones no somos capaces de comprender.

Su voz sonaba dulce y segura a través de las ondas.

Y Lucía no sólo empezó a colaborar con la radio, ayudando a los demás, sino que semanas más tarde, me mandó su propio testimonio escrito para este libro:

Jamás olvidaré el día que me despertaron los gritos de mi madre. Mi padre había fallecido sin enfermedad alguna que lo pudiera presagiar.

A partir de ese momento, mi historia empezó de nuevo. Me convertí en cabeza de familia a una edad que no correspondía, al frente del negocio que nos mantenía a nosotros y a nuestros empleados sin saber qué hacer con él.

Han sido los dieciséis años más llenos de penurias, frustraciones, injusticias y soledad que nadie pueda imaginar. El enemigo jamás da tregua. Y para mí, el enemigo era mi juventud, mi inexperiencia, mi miedo, la necesidad de no cometer errores en ningún momento. Pero, cuando una avanza, hay muchas cosas que se quedan al borde del camino. Y en el mío se quedaban todas mis ilusiones y mis ganas de vivir.

De premio o castigo a este combate, me correspondió, a su vez, un sinfín de problemas físicos derivados del estado permanente de vigilia en el que vivía.

Mi meta diaria era llegar al final de la jornada de manera digna sin que la situación me superase, lograr que los que me rodeaban no padecieran carencia alguna, ni económica ni afectiva.

Sola al frente de la empresa, desconfiaba de cada sombra, de cada palabra, de cada llamada y, en definitiva, de cada persona que se acercaba a mí.

Dieciséis años después, llegué a tal punto de desgaste físico y mental que decidí tirar la toalla. Me derrumbé frente a alguien con quién curiosamente no tenía excesiva confianza, y que me aconsejó que buscara un coach.

Cuando oí que llamaba a la puerta y se identificaba, fingí que entraba en el baño para ver qué aspecto tenía antes de recibirle.

Seguía encerrada en mi soledad y mi desconfianza.

Los tres primeros meses de sesiones fueron caóticos para mí. Las cosas cambiaban con mucho esfuerzo por mi parte, debo reconocerlo, y con mucha paciencia y cariño de Josecho.

Casi sin darme cuenta, empecé a conseguir objetivos a nivel laboral. Y me hacía sentir tan bien, que poco a poco fui extrapolando estas metas también a nivel personal. Empecé a hacer cosas cotidianas como comer sentada tranquilamente, o dormir en la cama, en lugar de hacerlo en un sofá trabajando.

Pronto mis objetivos pasaron a ser más ambiciosos. Empecé a delegar. ¡Esto sí que me produjo ansiedad! Conseguí tener un tiempo al día sólo para mí. Y lo más duro: aprendí a decir «NO». Esto es, con diferencia, lo que más me sigue costando, aunque sé que a la larga hará mi vida más sencilla.

Transcurrido el primer año, el balance fue espectacular. Pasé de no tener vida propia a levantarme animada por las mañanas. Empecé a disfrutar del día, del olor a invierno, del magnífico sol de verano, de la escarcha, de mi peque… Precisamente de ella ahora *gozaba cada minuto, ya que por fin tenía tiempo para nosotras y también para mi marido.*

Disfrutaba incluso de mi trabajo, ¿por qué no? Mi oficina pasó de ser mi cárcel a mi balneario. Mi nuevo equipo y mi cambio de actitud tuvieron mucho que ver en esta transformación.

Transcurridos tres años, he querido escribir estas líneas.

Querido coach: *gracias por hacer que me diera cuenta de que yo podía, que yo merecía, que no tenía que pedir perdón cada vez que las cosas me fueran bien. Un cambio de guion ha transformado por completo mi vida, tanto la laboral como la personal. Y la historia no ha hecho más que empezar.*

COMENTARIO

Este relato nos habla de una persona a la que un acontecimiento dramático cambiará radicalmente su vida. La responsabilidad por la supervivencia familiar pasa de repente a un primer plano, y todos los sueños e ilusiones quedan anulados, y olvidados en el tiempo.

Un profundo malestar, acumulado durante años, impide a Lucía ser feliz, hasta que se decide a realizar un proceso de desarrollo personal que la lleva a recuperar sus sueños en el punto en que los dejó aquel fatídico día. Lucía recuperará su ilusión, su empresa y, lo que es más importante, su sonrisa y sus ganas de ser feliz.

Todo proceso de *coaching* profundo y honesto es un viaje sin retorno. En este caso, Lucía aprende y se desarrolla de tal forma que nunca más volverá a dejarse atrapar por una situación complicada o que la pueda desbordar.

Aprender de los quiebres

Decía John Lennon que «la vida es lo que te va sucediendo mientras tú estás ocupado haciendo otros planes». Pues bien, de eso trata el tema de este capítulo, de la cantidad de imprevistos que nos depara el devenir de nuestra existencia.

Estamos acostumbrados a fluir de determinado modo: construimos planes de acción, fijamos fechas y metas, y de manera súbita, algo inesperado nos rompe las previsiones y nos saca del camino.

¿Qué hacer? Algunos caen y tardan en levantarse, porque el shock producido los desalienta o incluso los noquea. Pero otros se levantan y continúan la senda, convirtiendo ese golpe en una oportunidad y un aprendizaje.

Cuando se producen los *quiebres*, llamados así por Rafael Echeverría en su libro *Ontología del lenguaje*, o las interrupciones en nuestra forma de vida, se cierran unas puertas importantes de nuestro devenir. Pero no olvidemos que se abren otras.

«No sabes lo fuerte que eres
hasta que ser fuerte es la única opción que te queda».

BOB MARLEY

Todo cambio, aunque no sea deseado, nos ofrece nuevas oportunidades, a veces mejores que las anteriores.

En el caso de Lucía, llega un momento en que se cuestiona si quiere seguir anclada a ese *modus vivendi*, o quiere crecer y pelear por la existencia que tuvo que abandonar de manera imprevista.

Aprender requiere un esfuerzo, y ella opta por ese esfuerzo, que la invita a cambiar su forma de observarse. Ya no es la víctima que arrastra el pasado como una pesada losa a la espalda. Ahora es la mujer que sabe gestionar los recursos con los que cuenta, las posibilidades que se le abren. Se convierte en líder de su propia vida. Líder de sí misma.

PREGUNTAS AL LECTOR
- ¿Recuerdas cuándo sufriste tu último imprevisto?
- ¿Cómo lo solucionaste?

- ¿Cuáles han sido tus momentos más complicados?
- ¿Cómo saliste de ellos?
- ¿De qué forma actuarías si te vuelve a ocurrir?

La resiliencia

Una de las acepciones de este término es «la capacidad que tiene una persona o un grupo de personas de recuperarse frente a la adversidad para seguir construyendo su futuro».

Esas adversidades nos permiten sacar aquellas habilidades que tenemos dormidas, o que incluso pensábamos que no teníamos.

Es lo que le sucede a Lucía. Una vez ha tomado la decisión de avanzar, se encuentra con que posee capacidades que no conocía, y que una vez puestas en práctica, no sólo le ayudan a manejar mejor su organización, sino que la impulsan a conseguir objetivos tanto familiares como personales que antes consideraba inalcanzables.

No debemos pensar que todo nuestro camino va a ser siempre un lecho de rosas, porque no es así. Debemos prepararnos para cuando llegue el imprevisto, y tener las fuerzas suficientes y el ánimo adecuado para rediseñar nuestra vida y seguir adelante.

Como decía Boris Cyrulnik, el gran estudioso y divulgador de la resiliencia: «Una desgracia nunca es maravillosa. Es un fango helado, un barro negro, una escara dolorosa que nos obliga a escoger: someterse o sobreponerse. La resiliencia define el resorte de los que, habiendo recibido un golpe, han podido sobrepasarlo para ser mejores».

LOS 22 «QUÉS». 11.º ¿QUÉ HAS HECHO HOY PARA SUPERARTE?

En este relato hemos visto la evolución de alguien a partir de una desgracia personal, que irá seguida de muchas otras dificultades y retos.

A una escala menor, en el día a día, todos nos vemos enfrentados a contratiempos, fracasos y decepciones, y nuestro futuro depende de lo que hagamos con ellos.

Todo obstáculo es, potencialmente, un trampolín que te permite saltar más allá de tus límites. Cada día hay alguna piedra en nuestro camino, y la pregunta hoy es de qué manera la has aprovechado para crecer y ser mejor.

12. Un silencio en el tiempo

Inés Peralta

Era un frío día de otoño cuando sonó el teléfono y mi amiga Julia, que trabaja como *coach,* me dijo:

—Hola, Josecho, estoy en una encrucijada y me encantaría que me ayudases. Estamos interviniendo en una multinacional y necesito que te hagas cargo de la directora general y de una de sus más estrechas colaboradoras. Son dos ejecutivas de muy alto nivel, y una de ellas es muy escéptica. Principalmente porque sé lo complicado que es el reto, es en ti en quien pienso. Me han dicho que, si todo va bien, quieren bajar el proyecto en cascada para toda la organización. Son 25.000 trabajadores en todo el mundo.

Al cabo de unas semanas, pude sentarme frente a frente con cada una de las dos directivas.

Desde el primer momento observé las grandes diferencias que existían entre ambas mujeres. La adjunta, Sara, tenía amplios conocimientos de gestión emocional, irradiaba alegría y satisfacción. La directora general, Inés, era una mujer dulce pero en su justa medida. Siempre en su posición contenida, nunca daba una sonrisa de más. Medía cada una de sus palabras. Tenía una rigurosa educación religiosa, estaba casada y tenía tres hijos. Me aseguró que disponía de muy poco tiempo en su agenda para dedicárselo a nada que no fuera su trabajo. No conocía la disciplina del *coaching* y la relacionaba con una pseudopsicología que había que aplicar a los directivos de pocas capacidades.

Aunque Inés era una mujer distante, sintonizamos con rapidez. Enseguida establecimos el primer objetivo de aquel proceso: la necesidad de mejorar su comunicación con los demás. Le costaba hablar, y no digamos si se trataba de algún asunto íntimo. No conseguía contarme nada que no estuviera estrictamente relacionado con su vida profesional.

En una de nuestras sesiones, comprobé que la percepción que tenía sobre sí misma no coincidía con la que tenían de ella sus colaboradores. Las palabras «intransigencia» y «dureza» aparecían con excesiva reiteración en los informes que la organización había encargado a una consultoría externa.

Esto me facilitó mi siguiente cuestión.

—¿Cómo es la relación que mantienes con tus colaboradores? –le pregunté.

—Buena y cordial –me contestó de una manera fría y cortante.

Era evidente que no quería seguir por aquel camino y yo le dejé ese respiro. Durante todas las sesiones se ciñó exclusivamente a sus responsabilidades laborales. Nunca me dejó entrar en nada que no fuera sólo concerniente a su desempeño laboral… y yo lo respeté. Unas semanas después, nuestro plan de trabajo tocaba a su fin, pero ella intentó precipitar el cierre:

—Josecho, creo que ya hemos avanzado suficiente sobre lo que nos habíamos propuesto. Estoy satisfecha y quiero que sepas que vamos a incluir el *coaching* para nuestros equipos de gestión en todo el mundo…

Su última frase sonó más como un cheque de agradecimiento que como una cortesía. Trataba de dar por zanjado el asunto y despedirse. Pero yo consideré que no había terminado mi cometido.

Le hice saber que tenía por costumbre, al finalizar mis proyectos, hacer un análisis del proceso para valorar puntos de partida, consecución de objetivos, herramientas adquiridas, crecimiento, aprendizajes, etc.

Ella me reiteró su gratitud y me insistió que se sentía satisfecha, pero yo no me sentía igual. No tenía la sensación de haber conseguido todos mis objetivos como profesional.

—En estos meses he podido comprobar la forma en que gestionáis a vuestros equipos –le expliqué–, cómo os comunicáis… y tengo la sensación de que estáis acompañadas de muy buenos profesionales. ¿Tú también lo crees así, Inés? En líneas generales, ¿crees que tienes un equipo de buenos profesionales?

Le estaba llevando hacia un camino que ella no estaba acostumbrada a transitar.

—Excelentes –me respondió sin dudar–. Han llevado a esta compañía a ser una de las punteras en el mundo.

—¿Y ellos, Inés? ¿Qué crees que piensan ellos de ti?

—Piensan… –se quedó dubitativa– piensan… que soy rigurosa. Buena profesional, pero que soy muy severa y muy exigente.

Sonrió como si hubiera ganado una batalla al decir *exigente*.

—¿Y cómo te hace sentir a ti, que tu equipo te considere muy severa y muy exigente?

—Pues, me hace sentir segura… –Se quedó pensando–. Bueno, igual… es una seguridad aparente. A veces me siento frágil, lo confieso. No puedo aparecer ante los demás como una mujer débil y quizás todo eso sea una máscara. En el fondo, reconozco que soy muy vulnerable. Aunque nadie lo imagina. –Como Inés sabía que estábamos terminando, se había sentido fuerte para reconocer una emoción–. Bueno… –Se puso de nuevo firme– vamos a dejarlo, que esto se me está yendo de las manos.

—¿Tú quieres ser menos exigente? –le volví a apremiar.

—Dirigir a veinticinco mil personas en todo el mundo… no es sencillo. –Y se quedó mirando a través del ventanal de su despacho.

—¿Con quién más eres severa y exigente, Inés?

Mis preguntas eran cada vez más cerradas

—Con mi marido y con mis hijos.

Inés no había vacilado ni un segundo en contestar. Era valiente y no se arrugaba con facilidad.

—Y cuando cumplen tus severas exigencias, tanto tu equipo como tu marido y tus hijos, ¿lo celebras de alguna manera?

—Pero Josecho, ¡es su obligación! –contestó irritada–. Mi misión es dirigir y tengo que ser muy dura. Como ya te he dicho, no es fácil manejar una entidad de tanta envergadura. En cuanto a mis hijos, aunque todavía son pequeños, es importante enseñarles lo dura que puede ser la vida y prepararles con una buena disciplina.

—Inés, te sorprendería el enorme valor de una sonrisa y una caricia… La dureza no es la herramienta que yo más recomendaría. Desde el inicio de esta sesión me ha torpedeado la cabeza una pregunta y no me quiero ir sin formulártela, si me lo permites.

—Adelante, Josecho.

—Inés, ¿en tu vida hay alguien a quien creas que no le has reconocido algo y que sea importante para ti?

Aquella pregunta fue como pulsar un resorte. Su cara cambió, y se quedó mirándome, sin hablar. Conforme avanzaban los segundos, se le iba humedeciendo la mirada. Cada vez más brillante y triste.

Inés no decía nada. Se había quedado muda. Sólo me observaba, preguntándome sin palabras, desde su corazón y de una manera sorda, por qué le había hecho aquella pregunta.

Por fin habló con voz muy bajita, casi sin abrir la boca.

No entendí nada.

—Mi madre –repitió de una manera más clara–. Ella… –titubeó– ella no ha recibido ni reconocimiento ni agradecimiento ni nada por todo lo que ha hecho por mí. Estoy constantemente juzgándola y… condenándola. Acabo de darme cuenta de que hay muchas cosas que no le he dicho y que merece oírlas. Y quizás me tengas que ayudar en este nuevo escenario. Tu dardo ha sido muy certero.

Y se quedó observando el vacío dentro de sus manos. El vacío.

—De acuerdo, Inés. Seguiremos juntos pero, si te parece, lo vamos a hacer a mi manera. Te propongo que volvamos a vernos cuando hayas liquidado esa deuda pendiente que tienes con tu madre. Es una tarea que parece sencilla, pero tiene un profundo valor para nuestro proceso y nuestros objetivos. Cuando eso suceda, volveremos a hablar para que me cuentes cómo te sientes.

Pasaron tres o cuatro semanas hasta que recibí su llamada.

—Josecho, he cumplido la tarea que acordamos y me siento mucho mejor. Es como si se hubiera activado una espita, algo que llevaba mucho tiempo dormido, y no quiero que se apague otra vez.

COMENTARIO

En este relato, nuevamente, aparece una persona atrapada en su rol profesional. Tiene una concepción tan recurrente como errónea al creer que ser una buena profesional significa dureza, disciplina, exigencia… olvidando algo tan necesario como el refuerzo positivo y el reconocimiento, tanto a sus equipos como a las personas que integran su núcleo familiar.

Inés basa todas sus relaciones en la importancia de la norma, la conducta, el rigor, las pautas, etc. Todo ello aplicado con severidad y dureza, lo que podríamos llamar los «debería».

La primera impresión que me causa su comportamiento es de extrañeza, ya que considero a Inés una persona muy bien preparada. Sólo necesita dar un paso adelante, encender la espita de la que me habló al final del proceso.

> «El agradecimiento es la memoria del corazón».
>
> LAO TSE

Gracias por todo

El reconocimiento se define en el diccionario como «el sentimiento que expresa la persona que reconoce o agradece un favor o bien recibido». En el caso del relato, Inés al principio no entiende el reconocimiento como algo necesario. Es más, prácticamente ni se lo plantea, ni en su organización ni en su familia. Solamente al enfrentarse a la pregunta que le formula el *coach* es capaz de darse cuenta de que hay personas en su vida a quien no ha reconocido su labor.

Cuando somos capaces de reconocer a los demás sus méritos, sus esfuerzos o simplemente sus aptitudes, les hacemos sentirse valorados. Y eso es una inyección de motivación para que sigan actuando de la misma manera.

Por el contrario, la falta de reconocimiento hace que nuestros colaboradores, amigos o familiares desistan más rápidamente en sus intentos y consideren su esfuerzo poco, nulo o innecesario, dejando así el resultado a expensas de otras intervenciones.

Raúl Abad, profesor de marketing, señalaba en uno de sus artículos que «para destacar y triunfar en nuestro mercado competitivo debemos extraer el mayor potencial y talento de nuestros colaboradores, familiares, vecinos, etc. La mejor forma de lograrlo es ofreciéndoles un eficaz, sincero, público y frecuente reconocimiento, para que nuestro mensaje llegue directo a sus corazones».

PREGUNTAS AL LECTOR
- ¿En qué medida te exiges lo que exiges a los demás?
- ¿Tienes alguna cuenta pendiente todavía por agradecer algo a alguien, como es el caso de Inés?
- ¿Cómo te sientes cuando alguien te agradece lo que has hecho?
- ¿Cómo crees que se sienten los demás cuando tú agradeces algo que han hecho?

Cuatro claves mágicas

¿A quién no le gusta que las cosas salgan bien? Solamente un desequilibrado pensaría en hacer las cosas mal para obtener malos resultados, y éste no es el caso.

Inés es una directiva con un alto grado de autoexigencia, y por ende, de exigencia hacia los demás. Esto la llevará a dedicar muchísimas horas a sus responsabilidades profesionales, generándole un malestar por no atender a sus necesidades más íntimas.

¿Y cómo lo compensa? Con una exigencia máxima sobre su entorno, tanto familiar como profesional.

> «No puede haber un aprendizaje técnico en habilidades con resultados óptimos, sin tener establecidas las bases emocionales».
>
> TERESA GARCÍA (PSICÓLOGA)

En un momento determinado del proceso, Inés toma conciencia de su actitud y acepta el reto de no continuar con su aprendizaje hasta que salde sus cuentas con el agradecimiento a su madre.

Agradecer nos ayuda a crecer. Nos hace más grandes y nos permite llenar el corazón de quien lo recibe.

Según la sabiduría ancestral del Ho'oponopono, propia de los nativos hawaianos, hay cuatro claves mágicas para mejorar las relaciones con los demás y resolver de la mejor manera cualquier cuenta pendiente con nuestro entorno. Estas son: *Lo siento. Perdóname. Te amo. Gracias.*

LOS 22 «QUÉS». 12.º ¿QUÉ PERSONAS MERECEN QUE LES DES TU GRATITUD?

Un bello ejercicio que da un sentido especial a cada día es identificar a aquellas personas que nos ayudan, en cualquier aspecto de la vida, y nos hacen la existencia más fácil. Hecho esto, les daremos el reconocimiento que merecen.

La gratitud se puede expresar a través de la palabra oral, por escrito, a través de un detalle o simplemente regalando a esta persona una dosis extra de amabilidad.

Dar las gracias ilumina el corazón del otro, a la vez que da luz a nuestra propia vida, enseñándonos a valorar y disfrutar más de lo que tenemos.

13. La legitimidad del líder

Josu Zuazu

Yo conocía a Josu desde que éramos niños. Habíamos ido al colegio juntos y desde entonces manteníamos una bonita amistad. Aunque vivíamos en ciudades diferentes, procurábamos vernos, por lo menos, un par de veces al año. Él era director de una sucursal bancaria en el País Vasco.

Un día me llamó por teléfono:

—¡Josecho! Hace mucho que no te veo… ¡No se puede estar siempre tan ocupado! ¿Qué te parece si quedamos en Aranda, a mitad de camino, y nos llevamos por delante un buen cordero? Así de paso podré conocer tu opinión sobre unos proyectos… –me anticipó.

Llegó el día y, una vez terminada la comida, mientras disfrutábamos de una copa, empezó a relatarme:

—En el banco me va bien y mis jefes me tienen mucha estima, pero me han planteado una oferta muy importante, Josecho –me confesó–. Es de una empresa cliente de mi oficina. Aunque los resultados económicos ahora no les acompañan, tienen mucho futuro y me han propuesto que sea su director general en el País Vasco.

—¡Qué bueno, Josu! ¡Vamos a celebrarlo ahora mismo!

—En realidad, estoy asustado. –Se mantuvo unos segundos pensativo y añadió–: No me veo capaz de llevar este proyecto adelante. Dirijo una oficina bancaria pequeña, con quince personas, y la empresa que me ofrecen tiene doscientos empleados. Son gente muy preparada, Josecho. Me genera mucha inseguridad. Llevo un par de semanas que no duermo bien. Estoy muy inquieto.

—Josu, te conozco hace muchos años –le rebatí–. Eres un líder nato. Te he visto actuar y tienes habilidades. Pero si cuando éramos unos críos, todos te seguíamos…

—De acuerdo –me frenó–, pero a día de hoy sólo soy el líder de mi pequeña burbuja, de mi oficina con mis amigos. Esta empresa es otro cantar, habría muchas familias bajo mi responsabilidad, un entramado complicado de empresas y consejos de administración… ¡Uf! Tengo miedo. Por eso quería preguntarte: si me decido a dar el paso, ¿me echarás una mano para mejorar mis habilidades como líder?

—Ni lo dudes. Estaré contigo siempre que me necesites.

Comenzamos las sesiones a las pocas semanas. Josu supo atraerse al equipo directivo y poco a poco a toda la fábrica. Bajaba constantemente a las máquinas y hablaba con todos los operarios. Se quitó la corbata y era habitual verle aprendiendo desde la base todo el proceso productivo.

Su carácter inquieto despertaba la curiosidad de todo su entorno. En la primera reunión del comité de empresa, estando los dos, uno de los interlocutores le preguntó:

—¿Por qué tenemos que confiar en ti?

—¿Tenéis a alguien más? –contestó él, levantando las sonrisas de los presentes–. Creo en este proyecto, creo en vosotros y creo que con el esfuerzo de todos llegaremos a buen puerto.

—Ya, ya, eso ya lo hemos oído antes y los que lo dijeron están en la calle… y nosotros a punto de ir detrás.

—Si esto cierra, yo saldré igual de perjudicado que vosotros –insistió Josu.

—No, a ti te ha contratado la empresa –persistía el mismo sindicalista que había iniciado la conversación– y si esto se cae, te llevarán a otra fábrica del grupo.

—Os quiero contar algo –dijo entonces Josu–. Como director del banco, he aconsejado a las empresas que practicaran una regla que yo inventé hace años: la del treinta, treinta, treinta, diez. Estas cifras se refieren a los beneficios y a su reparto.

Todos miraban expectantes, incluso se oía algún murmullo incrédulo.

—El primer 30 por 100 será para los socios, que han sido los que han arriesgado su dinero –dijo Josu–. El segundo 30 por 100 lo ahorraremos para tener una garantía en el futuro, y el tercer 30 por 100 lo invertiremos para innovar y ser más competitivos…

—¿Y el 10 por 100 restante? –preguntó uno de los asistentes.

—Será para vosotros –sentenció el nuevo director general.

—Eres un ingenuo, Josu –apostilló el responsable sindical–. Primero, no habrá beneficios. Segundo, no te dejarán decidir. Y tercero, jamás te autorizarán a que nos des nada. Nuestros jefes son catalanes, ¿no te dice nada eso? Además, qué fácil es prometer algo así cuando la empresa no tiene ni visos de tener beneficios…

Esto le dolió a Josu, que se levantó de su asiento y, muy serio, añadió:

—Os aseguro que si esta empresa da beneficios, todos los trabajadores recibirán la parte que les corresponda de ese 10 por 100. Os doy mi palabra.

—Entonces, ése será nuestro voto de confianza –concluyó el trabajador más antiguo.

A partir de aquel día, todos trabajaron muy duro. Las reuniones eran frecuentes. Compartían avances, cambios, mejoras, y los buenos resultados no tardaron en llegar.

Pasados dos años, los balances indicaban que, por fin, la empresa daba un resultado positivo. Josu había conseguido que el consejo de administración de Barcelona aprobara su propuesta de la fracción de beneficios para sus trabajadores. Estaba orgulloso, contento, se sentía feliz y compartía con sus colaboradores todos y cada uno de los triunfos de la organización.

Y llegó la hora del reparto. Nos fuimos los dos a Barcelona. Los consejeros estaban exultantes. Se había obtenido lo que parecía imposible. Los beneficios habían sido considerables, todo el mundo quería abrazar a Josu.

Ambos sabíamos que mi trabajo tocaba a su fin, y que ésta sería una de las últimas ocasiones en que estuviéramos juntos. Feliz e ilusionado, Josu se enfrentaba, sin saberlo, a uno de los días más difíciles de su vida profesional.

Cuando entramos en la enorme sala, todos los consejeros se pusieron en pie y aplaudieron al nuevo líder. Todos menos uno. El presidente fue quien tomó la palabra:

—Felicidades, Josu. Todos los aquí presentes estamos orgullosos de tu gestión. Me congratulo de no habernos equivocado en tu elección. Tus sistemas de dirección, que en algún momento nos pudieron parecer blandos, hoy se nos antojan visionarios y efectivos. Eres nuestro hombre, e incluso no te sorprendas si te confiamos nuevas responsabilidades dentro del grupo.

—Me siento honrado por vuestra confianza –dijo Josu–, pero antes de nada me gustaría cumplir el pacto al que llegué con los trabajadores y que vosotros refrendasteis. Me refiero a la regla del treinta, treinta, treinta, diez.

Las caras de los consejeros reflejaban incredulidad.

—Pero Josu… esa regla te la has inventado tú.

—Sí, pero este consejo la refrendó hace dos años. Se firmó que cuando la empresa diera beneficios, el 10 por 100 iría para los trabajadores.

—No me jodas, Josu –repetía el presidente, incrédulo. Su cara ya no era tan amable, ni tan cordial y afectuosa–. O sea que ahora quieres convencernos de que el 10 por 100 de los beneficios se lo cedamos a tus subordinados… –rectificó– perdón, a tus operarios.

—Sí, a esos mismos operarios que han hecho posible que hoy estemos aquí, discutiendo sobre los beneficios de una empresa que hace dos años iba a cerrar. –La voz de Josu sonaba con fuerza en la sala, ahora en absoluto silencio–. Así que os ruego que cumpláis nuestro acuerdo.

—No se va a hacer, Josu. Sería debilitarnos –apuntillaba el presidente de una manera categórica–. Este consejo nunca ha pagado beneficios a ningún operario del grupo. Y no vamos hacer una excepción.

—Siempre he creído en vuestra palabra. Además, está escrito y firmado en las actas de esta Junta.

—No –sentenció el representante del consejo.

Entonces Josu se levantó, con el semblante muy serio, miró a todos los presentes y concluyó:

—Si no cumplís el acuerdo que firmasteis, mañana mismo os enviaré vía fax mi renuncia irrevocable como responsable de la empresa.

Se hizo un silencio sepulcral. Ese mutismo implicaba que aceptaban la renuncia de mi buen amigo.

El viaje de vuelta fue muy duro. Josu estaba triste, decepcionado.

Al día siguiente, reunió a todos los trabajadores responsables del comité de empresa. Me pidió que asistiera y, una vez allí, comenzó:

—Efectivamente, teníais razón. La empresa no ha querido cumplir su pacto del 10 por 100. No van a hacer el reparto que os prometí. Os he fallado.

Josu estaba derrotado, pero hablaba con dignidad.

—¡No, no, no! –La sala era un clamor–. No nos has fallado, Josu, al revés… Has conseguido algo impensable. –La voz de su representante era clara y contundente–: Nos has hecho fuertes. Este proyecto tiene vida y futuro. Tenemos trabajo y ya no nos importa el compromiso del reparto. Queremos seguir adelante. No sentimos que nos hayas fallado.

—Yo sí creo que he fallado a mi compromiso con vosotros, y por ello esta misma mañana he enviado a la dirección general mi renuncia irrevocable.

—Pues pararemos la fábrica, haremos huelga general…

—No lo haréis porque eso os perjudicaría. Tenéis que seguir adelante por todo lo que me acabáis de decir. Porque esto tiene futuro. Por vuestros trabajos y por vuestras familias. Me voy, no puedo continuar –dijo rotundo.

En medio de todo este ardor, le pedí a Josu que saliera fuera un momento.

—Esta gente te sigue y te seguirá. Les has dado esperanza, te respetan. Creen en ti y en el proyecto que has creado. Eres su líder, ese líder que ansiabas ser. Y la empresa por fin da beneficios. ¿Realmente crees que es el momento de marcharte?

—Es dignidad, Josecho...

Estaba terminando su frase cuando una de las secretarias subió corriendo por las escaleras...

—Josu, Josu, acaba de entrar un fax de Barcelona –anunció jadeante la joven colaboradora–. Viene del Consejo y lo firma el presidente.

—Pero ¿lo has leído?

—No... –respondió la empleada en un tono nada creíble.

Y Josu comenzó a leer:

Reunidos en consejo extraordinario en Barcelona con fecha... los consejeros... aprobamos por unanimidad conceder de manera general y en el futuro validez a la regla presentada en este Consejo por el director general D. Josu V. que indica que un 10 por 100 de los beneficios antes de impuestos se repartan entre todos los colaboradores de su equipo o de aquellos profesionales que él designe.

Cuando terminó de leer, percibí en sus ojos un brillo especial.

Se quedó examinando y estudiando el documento, como si no terminara de creérselo. Había vencido, había conseguido lo que se había propuesto, lo que había prometido.

Se sentó. Luego levantó la mirada, buscándome. Yo le observaba desde lejos, estaba casi en la puerta de salida.

—Josecho, me siento extraño. Tengo sentimientos encontrados. Debería estar feliz, exultante, con la alegría de haber conseguido rematar el proyecto que me trajo aquí. Pero a su vez me ha decepcionado la gente que me contrató, que en definitiva es para quien trabajo.

—No, Josu –le interrumpí–. Has trabajado para tu gente. Ellos dan sentido a todo lo que has hecho. Has logrado que la empresa sea productiva, rentable, has asegurado el futuro para sus familias. Sólo tú puedes decidir ahora el siguiente paso, si te quedas o te vas. Es el momento de aplicar lo aprendido. Ya no me necesitas. Mi trabajo ha terminado.

Josu permaneció en la empresa durante más de diez años. Nunca quiso volver a Barcelona, aunque fue el referente para todas las empresas del grupo.

COMENTARIO

En la historia de Josu encontramos todos los elementos que configuran a un líder. Vemos a un hombre que ha sabido involucrar a un grupo de personas decepcionadas y frustradas, convirtiéndolo en un equipo motivado, confiado y alineado con una meta común.

Proporciona a su equipo la ilusión y energía necesarias para poner en marcha el motor del cambio. Y ésta es una habilidad que caracteriza a *un buen dirigente, que antepone los intereses del equipo y de la organización a los suyos propios*. Ésa es la credibilidad de un auténtico líder.

El arte del liderazgo

Este relato nos habla del liderazgo, un concepto tan antiguo y actual como la historia de la humanidad. Jesucristo, Napoleón o Gandhi son claros exponentes de la atemporalidad de este fenómeno.

En este capítulo, el liderazgo está asociado a la empresa, pero no debemos olvidar que líderes los hay en todos los estratos de la sociedad y de la vida cotidiana.

¿A quién seguimos o seguiríamos? ¿Qué habilidades tienen aquellos a quienes admiramos? ¿Qué hace que creamos más en unas personas que en otras?

Más allá de sus ideas, hay líderes que inspiran con su ejemplo, que nos sirven de modelo. Benjamin Franklin, una de las figuras más relevantes de la historia de Estados Unidos, era un gran lector de biografías y se fijaba en aquellos hombres que poseían cualidades de las que él carecía para trabajar en pos de parecerse a ellos. Cuando alguien obtiene resultados mucho mejores que los nuestros, en lugar de envidiarle, la pregunta positiva que nos podemos hacer es: *¿qué hace esta persona que no hago yo?*

En el extremo opuesto, todos conocemos a responsables de organizaciones que son incapaces de mover a sus equipos de una baldosa a otra. O que los sostienen con fuertes cargas de desmotivación y desánimo.

> «Guarda los temores para ti mismo,
> pero el coraje, eso compártelo con los demás».
>
> ROBERT LOUIS STEVENSON

Entonces, ¿cuáles son aquellas habilidades que nos hacen confiar más o menos en otras personas?

- Una muy importante es la *capacitación*. Comprobar que los líderes a los que seguimos están suficientemente capacitados nos genera confianza.
- Saber que son personas *íntegras y honestas* también nos permite estar más seguros, y nos da la tranquilidad de que no nos van a traicionar.
- La *humildad* también es una capacidad que nos ayuda a confiar en nuestros líderes, y nos acerca sin miedo a ellos.
- Algo que acompaña también al liderazgo es la *escucha*, una escucha enfocada y generosa. ¿Cómo nos sentimos cuando sabemos que nos están escuchando con atención?
- Los líderes se preocupan por *hacer grandes a los demás*, ésa es una cualidad fundamental. *Líder de líderes*, ésa es la cuestión. Nos hacemos más grandes cuando hacemos crecer a otros.
- *Reconocer y celebrar los éxitos* aúna más a los que pertenecen al equipo, y empuja a seguir haciendo las cosas bien.

- Dentro de las habilidades también está la de *planificar los pasos a seguir*, pues esto genera orden y dirección.
- Un líder no es arrogante, es *coherente*. Hace, dice y actúa en línea con lo que piensa.
- Por último es *amable*. Valora a las personas que componen su equipo como merecedores de dignidad y respeto. El líder nato se involucra. Es cordial, comprende y es flexible.

Cuando nos encontramos con personas con estas características nos hacemos fácilmente sus seguidores.

PREGUNTAS AL LECTOR
- ¿Qué habilidades de aquellas personas a las que admiras te gustaría tener?
- ¿En qué entornos puedes sacar al líder que llevas dentro?
- ¿Qué cualidades crees que tienes que los demás admiran en ti?

El campo de distorsión de la realidad

En el relato de Josu encontramos un ejemplo del más puro *coaching* ejecutivo, que consiste en convertir a un grupo de personas, a las que sólo une la supervivencia en el trabajo, en un equipo que persigue la excelencia.

Esto implica estar alineados con una meta común y manejar los mismos valores, tanto de comunicación como de acción. Estar cohesionados y comprometidos con el objetivo, tener un orgullo de pertenencia y ser leales.

Liderar es inspirar a otros. Es generar confianza, absorber incertidumbres, impulsar y, sobre todo, siempre, servir a los demás y hacerles crecer más allá de sus límites.

En la magnífica biografía de Walter Isaacson sobre Steve Jobs, se menciona el llamado *campo de distorsión de la realidad* del fundador de Apple. Cuenta que uno de los secretos de su éxito fue que era capaz de hacer creer a su equipo que podían lograr cualquier cosa, por increíble que pareciera.

Según el testimonio de los ingenieros que hicieron el primer Mac:

«El campo de distorsión de la realidad parecía dar resultado incluso si tú eras perfectamente consciente de su existencia. [...] Pasábamos a aceptarlo como una fuerza más de la naturaleza», a lo que otro colaborador añadía: «En su presencia, la realidad era algo maleable. Podía convencer a cualquiera de prácticamente cualquier cosa».

Los grandes avances en la historia de la humanidad empezaron porque alguien creyó en lo imposible e hizo creer a otros.

Eso también es aplicable a pequeña escala, dentro del seno de la familia, en la relación con nuestra pareja o con nuestros hijos.

LOS 22 «QUÉS». 13.º ¿QUÉ VAS A HACER MAÑANA PARA SACAR LO MEJOR DE LOS DEMÁS?

No hay mayor prueba de grandeza que hacer grandes a los demás. Tampoco existe una satisfacción mayor. Independientemente de si tienes a tu cargo un grupo de colaboradores, una familia o un amigo en dificultades, este ejercicio te invita a descubrir tu propio «campo de distorsión de la realidad» para ayudar a los demás.

Observa tu entorno, tu zona de influencia, y pregúntate qué puedes hacer para que los que te rodean vivan de forma más feliz y realizada, cómo puedes ayudarlos –sobre todo, a través de tu ejemplo e implicación– para lograr juntos aquellos objetivos que parecen imposibles, pero que no lo son.

14. La felicidad se conjuga en plural

Testimonio de Alberto Campezo

«Dicen que la mente humana no deja de buscar una justificación a todos los hechos». Yo no quiero hablar de la *Sincronicidad* de Carl Gustav Jung. Tampoco del *Azar objetivo* de André Breton. Voy a hablar de mi experiencia. Y de cómo una fuerza que soy incapaz de controlar permitió que el *coaching* se cruzara en mi camino. Este hecho ha cambiado, para siempre, mi manera de enfrentarme a cada desafío que la vida me plantea.

Y es que a veces las cosas te llegan justo en el momento en que lo necesitas.

En 2006 conseguí mi primer trabajo como ingeniero. Tras seis meses en una empresa, me propusieron ser responsable de una sección con cincuenta personas a mi cargo.

Fue entonces cuando descubrí que me había preparado para ser un buen técnico, pero que no sabía absolutamente nada sobre las personas.

Tenía ante mí un gran reto, pero sobre todo una responsabilidad. Mi gente confiaba en mí. Todo lo que yo hiciera –decisiones, comunicaciones, relaciones– tendría impacto sobre su estado de ánimo y, por lo tanto, sobre su implicación y los objetivos de la empresa.

Era consciente de que, para poder desarrollar bien mi misión, necesitaba algo más.

Por una de esas maravillosas coincidencias, una compañera hizo un máster donde uno de los módulos era de *coaching*. Empezó a trasladarme conceptos y me pareció genial. Comencé, de inmediato, a leer artículos y libros sobre el tema.

Mi primer compromiso en mi nuevo cargo se desarrollaba en un departamento clave. El resto de departamentos de la empresa dependía de los resultados de mi sección.

Tenía veintiséis años de edad, y casi el doble de colaboradores en mi equipo. Al principio fue muy duro y sufrí momentos de ansiedad, estrés, decepciones, frustración, tensión... Por otro lado, mi equipo se esforzaba al máximo. Era gente extraordinaria.

Continué trabajando en puestos de responsabilidad. La exigencia era máxima y fui aprendiendo por propia supervivencia.

Cuando fui nombrado director gerente, sabía que el gran reto para mí serían las personas, no la parte técnica. Con una buena filosofía de equipo, todo lo demás vendría por añadidura.

Necesitaba contratar a alguien que me ayudase en lo que era mi prioridad en ese momento. Inmediatamente pensé en Josecho.

Durante mi primera conversación con él, generó una base prioritaria en *coaching:* la confianza.

Yo lo había contratado, sobre todo, para desarrollar mi capacidad de liderazgo. Si tuviese que resumirlo en una sola frase, diría que he aprendido a ser mejor persona. ¿Qué implica eso?

Entender mejor a los demás y ayudar a los demás a entenderme mejor a mí.

Escuchar asertivamente.

Hablar con autocontrol y confianza.

En las reuniones con muchas personas, saber el momento justo para intervenir.

Valorar más a los demás y también a uno mismo.

Aceptar las emociones propias y ajenas para así ayudar mejor...

Pelear por lo que realmente quieres.

Ser coherente con uno mismo y con los demás.

Éste es un aspecto que me parece esencial para ser líder de un equipo: la coherencia con los propios valores. Todos conocemos ejemplos de empresas que predican unos valores, pero que en el día a día no actúan de acuerdo con ellos. Eso hace que, de forma consciente o inconsciente, la gente se sienta engañada y decepcionada.

Soy más coherente con mis valores desde que tengo *coach.* Eso me hace ser más feliz y tener más paz interior.

He aprendido a conectar con mi gente. Especialmente cuando tienen un mal día, busco un momento para hablar con ellos. Si es necesario que parezca causal, que así sea.

Esa conversación siempre intento que se desarrolle con honestidad, respeto, transparencia, optimismo y, sobre todo, cariño. Son conversaciones donde les hago preguntas, les doy *feedback,* o alternativas y opciones que no están siendo capaces de ver.

Lo cierto es que me abruma el resultado: me siento rodeado de gente que crece y se desarrolla exponencialmente. Esto es algo primordial, ya que para que yo evolucione, crezca y me desarrolle, es fundamental que lo haga el conjunto. El progreso de un grupo depende de una retroalimentación y empuje continuo.

Como dice el poema de John Donne, «ningún hombre es una isla» y la felicidad de cada uno depende de la felicidad de los demás».

COMENTARIO

Este testimonio tiene como protagonista a Alberto, un joven ingeniero y director de una factoría que, a pesar de poseer grandes conocimientos técnicos, tiene una inquietud. Y ésta le lleva a intentar mejorar en algo que cree indispensable para su vida y su trabajo: las relaciones humanas.

Todo el capítulo es un tratado de *coaching* y un ejercicio de reflexión sobre cuáles son aquellos aspectos necesarios para una mejor dirección de equipos.

Habilidades

Muchos manuales de empresa hablan sobre las habilidades o sobre cómo hay que comportarse frente a los clientes. Pero este libro no pretende eso, nada más lejos de la realidad. Sus páginas, simplemente, pretenden acercar al lector a la esencia del *coaching*.

En sus palabras, Alberto nos lleva a un paseo que nos adentra en algunas de sus prácticas. Ya de entrada nos dice que su encuentro con el *coaching* ha cambiado para siempre su forma de enfrentarse a los problemas. Y lo ha hecho desde su misma posición, simplemente variando su punto de mira.

En ocasiones creemos de manera equivocada que, por poseer conocimientos suficientes, preparación y un currículum envidiable, todo individuo debe tener las habilidades necesarias para afrontar cualquier situación.

Alberto se da cuenta de que es responsable de las decisiones que toma sobre el futuro de su equipo, y que éstas tienen un fuerte impacto sobre el estado de ánimo de los demás. Eso repercutirá, por lo tanto, sobre los resultados de la organización.

Éste es su verdadero punto de inflexión: se da cuenta principalmente de la influencia que tiene sobre los demás, y esto le hace llamar a un profesional para seguir aprendiendo.

Aprender a ser mejor, como reconoce Alberto, implica comunicarse mejor, aceptar y no juzgar. Y experimenta algo muy importante: que de nada sirve avanzar si tu equipo no lo hace contigo y de la misma manera.

«El sabio sabe, sobre todo, lo que ignora».

Confucio

La declaración del «no sé»

En la historia de Alberto encontramos un elemento esencial en cualquier proceso de cambio o mejora: el hecho de reconocer que «no sé».

Alberto nos confiesa, literalmente, que no sabe nada de las personas. Y esta declaración de ignorancia es el primer paso para que se produzca el aprendizaje y la incorporación de nuevas experiencias y conocimientos.

Pensar que ya sabemos, que ya tenemos conocimientos suficientes sobre este u otro tema, o aferrarnos a posiciones inmovilistas, es una garantía de fracaso, ya que esta postura impide la entrada y la asimilación de aprendizajes. Sólo cuando reconocemos que no sabemos, tenemos la oportunidad de crecer como personas.

El problema viene cuando *no sabemos que no sabemos*.

PREGUNTAS AL LECTOR
1. ¿Qué significa ser mejor persona para ti?
2. ¿Desde qué punto deberías mirar para que pudieras ver de otro color lo que ocurre?
3. ¿A qué esperas para mejorar?

Los cuatro escalones

Veamos ahora unos pequeños matices de *coaching*:

En el camino del aprendizaje, el primer escalón que nos encontramos es el que se refiere a la *incompetencia inconsciente*. Éste, inicialmente, nos plantea «que no sabemos que no sabemos», es decir, que somos ignorantes de todo lo que no sabemos.

El siguiente escalón nos lleva a darnos cuenta de lo que no sabemos: nos propone que seamos conscientes de lo que nos falta por aprender y nos reseña a la *incompetencia consciente*. Es un período de inseguridad.

Entonces es cuando nos comprometemos con el aprendizaje, porque nos hemos dado cuenta de que no sabemos y de lo que no sabemos. Este tercer escalón nos presenta la *competencia consciente*. Ya somos competentes porque hemos aprendido. Y sabemos lo que hemos aprendido. Aprendemos entre este escalón y el anterior. Ya tenemos práctica.

Al aprender, desarrollamos una habilidad y una rutina que nos hacen ser *competentes de forma inconsciente*, lo que significa que ya sabemos hacer las cosas sin necesidad de pensarlas. En este cuarto y último escalón nos hemos convertido en expertos.

Uno de los ejemplos más claros de estos cuatro escalones es aprender a conducir. Cuando somos niños no sabemos que no sabemos conducir, y sólo nos hacemos conscientes cuando empezamos a pensar en ponernos al volante de un automóvil y acudimos a clase. Somos conscientes de nuestra incompetencia. Pero cuando el profesor nos enseña, ya somos competentes conscientemente, porque sabemos que ya hemos aprendido. Es una novedad, pero cuando adquirimos una rutina y nos familiarizamos con las acciones que requiere, al final dejamos de ser conscientes de cada paso que damos.

Esta teoría podemos aplicarla a cualquier aprendizaje, incluido el *coaching*. Cuando una persona aprende esta disciplina, al principio se fija mucho en las reglas. Pero luego va adquiriendo las diferentes competencias, y al final actúa de forma inconsciente y natural.

LOS 22 «QUÉS». 14.º ¿QUÉ HAS HECHO HOY PARA HACER FELICES A LOS DEMÁS?

Cada día tenemos la oportunidad de influir positivamente en el balance de felicidad de los demás. Y no se trata de hacer regalos ni de elogiar porque sí a nuestros compañeros de viaje. ¿Cuántas veces, por ejemplo, nos hemos encontrado en un serio problema —o al menos nos lo parece— y no hemos encontrado quien nos escuche con atención?

Prestar atención a las preocupaciones ajenas y darles una visión relajada y con distancia mejora la ecología emocional del otro e incrementa su nivel de felicidad.

15. La montañera en la cumbre

Rosa Lekaroz

Llevaba dieciocho meses trabajando con Rosa, una directiva del departamento de recursos humanos en un organismo oficial. Contradiciendo el tópico sobre los funcionarios, su implicación era total.

Nuestros objetivos se habían cumplido con creces respecto al aprendizaje de habilidades sociales y gestión del personal. Incluso habíamos levantado su maltrecho estado de ánimo.

Nos hallábamos ya al final del proceso.

Aquella mañana, sin embargo, la encontré alicaída, triste. Al entrar en su despacho, percibí que no era uno de sus mejores días. No tenía fluidez en sus palabras y su sentido del humor había desaparecido por completo.

Sin duda, estaba profundamente preocupada por algo, así que esperé a que, si lo consideraba oportuno, lo compartiera conmigo.

Eso no tardó en suceder. Antes de acabar nuestra reunión, me miró fijamente y me dijo:

—Tengo algo que decirte.

—¿Más aún? –pregunté bromeando–. ¿Te parece poco lo que me has contado en estos meses?

—Más, Josecho…

Su voz era tan grave que me hizo levantar la cabeza y mirarla.

—Iré al grano: hace unas semanas que me están haciendo pruebas. No he querido comentar nada a nadie, Josecho, ni siquiera a ti. De hecho, no te habría dicho nada si en esta semana no hubiera ido a recoger los resultados…

Mientras hablaba, movía los dedos de las manos como si tuviera que desatar el nudo de lo que me iba a contar.

—Me han diagnosticado un cáncer, un cáncer de mama –dijo al fin con voz quebrada.

Me embargó una sensación de oscuridad, un escalofrío. Aun así, me sobrepuse y le dije:

—Lo siento, Rosa. No es una buena noticia, pero eres una mujer joven y fuerte. Hoy en día, los tratamientos…

—Tiene mal pronóstico –me interrumpió–. Está muy avanzado y los médicos creen que hay metástasis.

Nos quedamos los dos mirándonos a los ojos, sin ninguna vergüenza por comprobar que llorábamos. Entonces me agarró muy fuerte el brazo y me preguntó:

—No me dejarás sola, ¿verdad?

—Desde luego que no. Estoy cerca de ti ahora, y lo seguiré estando mañana y pasado y al otro.

—Es que te voy a necesitar.

—Iremos de la mano. Lucharemos juntos contra ese contrincante que se ha puesto en tu camino. Si somos dos, igual le metemos miedo –procuré bromear para restar algo de gravedad a la situación.

—Me han dicho que me van a ingresar casi de inmediato para una intervención. Tienen que ver bien lo que hay dentro, aunque se temen lo peor. Tengo mucho miedo, Josecho. Miedo a la operación, miedo a no ser capaz de afrontar esto, a que el propio miedo me atenace, a no ver el horizonte. Es como si me hubieran borrado la vida de un plumazo.

En esta ocasión quien necesitaba apoyarse físicamente era yo. Me senté. Rosa tenía una enfermedad gravísima, con muy mal pronóstico; estaba sola y me pedía ayuda profesional. Yo jamás había trabajado con nadie en esas circunstancias y también tenía miedo, miedo a no hacer las cosas bien, miedo a equivocarme, miedo a que no se curara.

Por primera vez en el ejercicio de mi profesión, tenía un miedo brutal.

Operaron a Rosa en la fecha prevista. Los médicos extirparon lo que pudieron, pero no sabían si sería suficiente, y se lo dijeron. A continuación le aplicarían un tratamiento, quimioterapia, y verían cómo iba evolucionando. Su lucha iba a ser muy dura.

Entonces pasé a la acción.

—Rosa, vamos a comenzar una aventura –comenté–. Hace muchos años, cuando yo era muy joven y vivía en Pamplona, pertenecía a un club de montañismo que se llamaba Alaitz. Salíamos todos los domingos al monte, hacíamos largas travesías, alcanzábamos cimas y escalábamos paredes. A mí, a veces, se me hacía muy duro avanzar con la nieve hasta las rodillas, sentir el intenso frío en las manos y todos los inconvenientes del severo invierno navarro. Pero yo volvía, domingo tras domingo, porque me encantaba ver los amaneceres, porque me gustaba respirar el aire frío de las cumbres, compartir con mis compañeros el almuerzo y las risas… Al pensar en tu enfermedad y en las dificultades que te esperan, he recordado lo agotador que me parecía entonces todo aquello… Pues bien, yo te voy a pedir que por un tiempo te vuelvas montañera conmigo. –Rosa me miraba atónita–. No, no te preocupes, que no te vas a tener que calzar botas de montaña. Vamos a subir cumbres imaginadas, vamos a ir al Everest, al Aconcagua, al Anapurna, a todas esas cimas altísimas y vamos a hacer un símil… Sí, Rosa, un símil. Cada sesión de quimioterapia será una etapa más, una pared que habremos subido, conquistado. ¡Vamos en cordada! Nos hemos propuesto coronar y yo voy a ser tu guía. Voy a hacer de ti una excelente montañera, sin salir de casa

Rosa me miraba pero no sonreía. Al fin dijo:

—Voy a estar muy sola Josecho… ¿Te puedo pedir algo?

—¡Claro que sí! Lo que necesites.

—Como no podrás estar todos los días conmigo porque vives en Madrid y yo en Palma, entre visita y visita, ¿te puedo escribir cada dos o tres días?

Así lo acordamos y Rosa empezó a escribirme. Me contaba lo que le hacían, lo que le dolía, lo que pensaba… En ocasiones, me confesaba que ya no podía continuar, que el dolor no le dejaba respirar, que no le veía sentido a seguir luchando…. Pero no tiraba la toalla, porque era una de esas personas que jamás abandonan. Cuando mejoraba, sonreía al esfuerzo y lo celebrábamos. Entonces yo la convencía para que trepara una cima más… No sé de dónde sacaba las fuerzas, pero siempre las encontraba.

Hasta que un día me llamó con una extraña serenidad. Acababa de salir de la consulta médica.

—Josecho, esto se acaba. No hay una sola posibilidad de recuperación. El cáncer me ha ganado la partida. Van a intensificar el tratamiento. ¿Qué puedo hacer ahora, además de esperar mi marcha?

—Seguir luchando, Rosa.

—¿Vas a seguir subiendo conmigo montañas?

—Por supuesto –le contesté en tono alegre.

Para mi sorpresa, a las pocas semanas Rosa mejoró mucho. Aquel tratamiento funcionaba muy bien. Incluso su aspecto físico asombrosamente cambió.

En una de nuestras sesiones cara a cara, me confesó que estaba ilusionada. Se había reencontrado con un viejo amor, un antiguo compañero de la universidad, y se habían medio enamorado.

Hacía tanto tiempo que no la veía sonreír, que me emocioné mucho con la noticia. A ella se le iluminaban sus preciosos ojos verdes.

—¿Sabes que me ha dicho? –me comentaba entusiasmada–. Que había estado prendado de mí en la universidad, pero que yo era tan guapa que no se atrevió nunca a decírmelo. ¡Manda narices! Y me lo dice ahora…

—Josecho, a partir de ahora no es necesario que vengas tanto. Estoy cogiendo mucha fuerza con la nueva medicación y me siento mucho mejor.

—Me parece fantástico –contesté feliz de verla tan animada–, pero nunca olvides que sigues siendo una montañera de élite. Tu misión es conquistar tus cimas, mirar siempre hacia arriba. Además, ahora llevas en la cordada a un nuevo montañero…

Tras despedirnos entre risas, seguimos en contacto los meses siguientes. Al principio, nos llamábamos una vez a la semana, luego las llamadas se espaciaron.

Al cabo de unos meses, empeoró. En una de mis llamadas su voz ya era muy débil.

—Josecho, he recaído. Estoy tan malita que casi no puedo moverme de la cama. El espíritu montañero que me has contagiado me ha servido mucho hasta ahora, pero esto es distinto…

—Voy a tomar un avión ahora mismo –dije con determinación.

—No, Josecho, ya tengo compañía. Miguel está conmigo y, además, no quiero que veas lo fea que me he puesto. Mis escaladas se limitan ahora a subir y bajar de la cama… Difícilmente podía mediar palabra.

No alargué nuestra conversación para que no se cansara.

—Rosa, no te fatigues –le dije tratando de ocultar mi tristeza–. Me voy unos días al Pirineo. Cuídate mucho, te llamo a la vuelta. Besos.

En aquellas breves vacaciones, cada vez que salía a pasear, miraba a las cimas. A veces me parecía ver una montañera que intentaba alcanzar la cumbre.

Al regresar a Madrid, llamé a su teléfono móvil y me saltó un mensaje: «El número al que llama está apagado o fuera de cobertura».

COMENTARIO

Este relato habla de esperanza, de amor, de lucha, de desafío y de fatalidad. Es, posiblemente, el relato que más me ha costado escribir, y el que más me ha hecho sentir una vez escrito. Mientras lo hacía, no me percataba de lo que estaba dentro; tan sólo me salían los recuerdos a borbotones, y yo me limitaba a pasarlos al papel.

Aún hoy, todavía, me cuesta leer esta historia. No puedo borrar el número de teléfono de Rosa de mi agenda, y todavía no he vuelto a la ciudad donde todo pasó.

En este capítulo, a diferencia de los demás, no hay claves prácticas, pero sí mucha reflexión. Rosa es el ejemplo de una mujer que se entregó cada día a su lucha. Fue valiente, generosa y tenaz. Yo fui afortunado, porque pude ir de su mano por los montes más escarpados. Y porque obtuve el regalo de ver cómo, en el tramo final, se enamoraba de nuevo y volvía a soñar. Fui afortunado porque, desde que empezamos a caminar juntos en ese proyecto, aprendimos a ver muchas puestas de sol.

En esta exposición no hay ningún «qué» ni «para qué». Lo que hay es una actitud bellísima ante la adversidad extrema.

En los anteriores relatos de este libro, nos hemos ido encontrando con situaciones más o menos complicadas, pero tenían un denominador común: el cambio era posible. Pero en esta ocasión nos encontramos con una situación dramática que no se puede cambiar, aunque sí podemos elegir nuestra actitud.

Parafraseando a Viktor Frankl, «Si no está en tus manos cambiar una situación que te produce dolor, siempre podrás escoger la actitud con la que afrontes ese sufrimiento».

El creador de la logoterapia veía una oportunidad de ser feliz a cada instante que nos sea concedido estar en este mundo, incluso cuando queda muy poco: «La muerte como final de tiempo que se vive sólo puede causar pavor a quien no sabe llenar el tiempo que le es dado a vivir».

Por eso mismo, este capítulo no necesita más explicaciones. Todo lo que yo podría decir ya lo ha dejado escrito Rosa en sus correos, de los que aquí comparto algunos extractos con gran emoción y respeto.

Domingo

Esta mañana me siento contenta. Hoy estoy viva, hoy soy feliz. ¿No es maravilloso? Poco a poco el día igual se irá encargando de que no vea las cosas tan bien. He estado escribiendo, desgranando mis sueños. Descubrimiento: expresar la rabia por escrito sirve. Gracias por estar ahí.

Un beso. Y buen día en Pamplona.

Miércoles

Hola Josecho. Ya estoy mejor del resfriado. Tenía muchas ganas de salir a dar una vuelta, resolver algunas cosillas... y me he paseado un poco temerosa, y un poco cansada, también un poco obsesionada para estar fuerte para afrontar la quimio. No, perdón, nuestra montaña. ¡Cuánto miedo tengo!

Viernes

Hoy vienen a mi casa unos amigos para compartir un foie que mi vecina me trajo de París. Me hace mucha ilusión, porque he tenido una idea.

Hace años, como unos trece, unos amigos me regalaron para mi cumpleaños dos copas de cristal soplado, enormes y azules. Las copas venían con la condición de que las usase en una situación muy especial, y que después las rompiese.

Hoy he decidido que, como siempre me pones de tarea ver las puestas de sol, voy a ir con mis amigos y las romperé mirando el atardecer. ¡Va por ti!

Miércoles

¿Por qué me veo en mi funeral, con el dolor de mis amigos por perderme? Hoy he llorado por mí y ya he hecho testamento emocional...

Jueves

Ahora mismo siento como si estuviera escuchando tu voz: «Arriba, Rosa, lucha, lucha y lucha. Las batallas más duras se ganan peleando...».

Aunque haya días tan oscuros como éste. Besos.

Domingo

Hoy me he levantado con energía, con ganas de escribirte. Ya sabes que si tengo tiempo escribo mis sueños y los desparramo.

No sabes lo estupendo que me resulta tener este quehacer cotidiano, estos deberes tan agradables que me has puesto. Escribir para alguien y que ese alguien te lea y te conteste. Soy una privilegiada.

Martes

Las formas, estas malditas formas que hacen que abracemos a gente que nos importa un pito y, en cambio, no lo hagamos con gente que nos importa. Tu lección número veintidós: abraza sólo a la gente que quieras, ponle entusiasmo, exprésale lo bueno que sientes y sé educada con la gente que te es indiferente, y pasa de la gente que no quieras...

Sábado

Aquí la temperatura también ha bajado, y si miras por la ventana, el suelo esta mojado, el cielo gris y algo que dice, ¡quédate en casita! Aunque no lo creas, no sé cómo, me han llegado a gustar todas las estaciones, sobre todo cuando empiezan. De momento lo miro por la ventana.

Hoy no voy a poder salir, mi costipado no me lo va a permitir y me las tendré que arreglar para que llegue la alegría a mi casa.

Te estoy escribiendo y se me caen unos cabellos en el ordenador, es el momento de ir a cortármelo. ¡Uf! es una bofetada de realidad cruel. Ayer fue duro pensarlo, hoy ya lo vivo como una necesidad, además... ¡hay unos sombreros tan bonitos!

Miércoles

Tal como me pediste, aquí tienes mi lista de sueños:

- *Volver a sentir ternura.*
- *Aceptar lo que me está pasando.*
- *Tener la certeza de que me voy a curar.*
- *Quererme.*
- *Estar tranquila y en paz.*
- *Ver muchos amaneceres y muchos atardeceres.*
- *Bañarme en las aguas cristalinas de mi isla. Hacerlo desnuda y sin que se me noten las cicatrices.*
- *Descubrir que amo la tierra seca. Sus amarillos y sus ocres.*
- *Volver a oler los pinos y dormir debajo de ellos.*
- *Un manto de estrellas.*
- *Ser dueña de mi tiempo.*

- *Callejear sin rumbo.*
- *Ir de compras sola.*
- *Cantar con los amigos a Serrat.*
- *Reencontrarme con amigos de la universidad.*
- *Volver a cumplir cincuenta años, cincuenta veces más.*

Martes

Estoy animada. Me han dado una buena y otra mala noticia. La buena es que aunque la vitamina A no ha funcionado como debiera… y no se sabe cómo funcionará la B, hay buenas perspectivas de nueva operación con éxito. La mala es que se puede repetir y que los controles tendrán de ser exhaustivos.

Es la ruta de la esperanza. Del pensamiento positivo, de creer en una fuerza que está por encima del pensamiento científico.

Como siempre, me he alegrado mucho de leer algo tuyo.

Buenas noches, felices sueños y hasta mañana.

Besos

Martes

Ayer pediste que me defina y lo hago a continuación:

Soy una persona llena de miedos, siempre los he tenido.

Soy una persona que valoro a los amigos.

Soy una persona con buenos sentimientos, aunque no me gusta expresarlos.

Soy una persona que empieza a aprender cómo relacionarse con los demás.

Soy una persona sensible con una coraza de mierda.

Soy una persona sincera y honesta.

Soy una persona que es capaz de hacerse daño a sí misma antes que a los otros.

Soy una persona que tiene la sensación de que su destino es ir hacia abajo.

Soy una persona que vive en un escaparate y quiere salir.

Soy un persona que duda de si la vida vale la pena.

Soy una persona a la que le encanta reír.

Soy una persona que piensa que le ha tocado aprender tarde.

Soy una persona que desea un abrazo, complicidad, ternura, amor.

Soy una persona que ha reflexionado mucho más que la media. ¿Cuánto me queda?

Lunes

Me ha gustado mucho tu carta, Josecho, ha sido un regalo. Y yo te voy a hacer otro. Durante muchos años, cuando pensaba qué nota me daría del 1 al 10, siempre pensaba en un 4. Me daba mucha pena no ser capaz de aprobarme. Por mucho que lo intentase, el suspenso era mi nota personal.

Y… ¡por fin he aprobado! Desde hace un tiempo ya tengo un cinco. Tú sabes que es para mí esto.

Lunes

Queridísimo Josecho, ¿dónde estás? ¿En Madrid, Pamplona, Vigo, Valencia Bilbao…?

Bien, ya hemos subido otra de las cimas que quedan para llegar a la «colina Madre». ¡Vaya subidita!

Martes

Bueno, voy a defender mi flamante aprobado, ¿eh? Y, si llego al seis, estupendo. Me quedo con la reflexión que alguien hizo en algún lugar: «Lo consiguieron, porque no sabían que era imposible».

Creo que lo conseguiré, pero a veces también creo que es imposible.

Viernes

Hoy no puedo levantarme. La última cima me ha dejado exhausta.

Rosa no llegó a tiempo de escribir su testimonio. Se fue feliz, porque en el momento más oscuro tenía la luz del amor.

16. Un puente a los demás

Testimonio de Santiago Ochagavía

«No me lo podía creer. Los miembros de mi partido, tras un pacto de gobierno, habían decidido que yo era la persona idónea. El departamento que debía liderar era clave para el bienestar de nuestra comunidad.

En un primer momento dije que no. Yo nunca había gestionado nada más allá de mi clase de historia en la facultad, pero ellos insistieron en que era la persona más capacitada. A partir de entonces, tendría a decenas de personas a mi cargo.

La simple idea me producía vértigo.

Los primeros días choqué contra varios muros. Hablar allí no era como hacerlo con mis alumnos. Para intentar remediarlo, me apunté a un curso de *management*. Allí escuché hablar por primera vez del *coaching*.

De inmediato me puse en contacto con uno de los ponentes. Le taladré durante media hora, explicándole cada uno de mis problemas en el trabajo, a un nivel de detalle realmente enfermizo.

—Tranquilo, Santiago… Vendré a Sevilla la próxima semana y podremos hablar.

Al verle llegar a mi despacho seguí con mi lamento:

—Josecho, tengo que adquirir urgentemente habilidades de comunicación y liderazgo. Necesito aumentar mi autoridad sobre los miembros de mi equipo. Tengo miedo a que no me vean como el líder que ellos necesitan.

143

—Santiago, llevo cerca de media hora escuchándote hablar de tu gente con miedo… –me interrumpió antes de empezar a interrogarme–: ¿Qué te dicen ellos? ¿Qué piensan sobre tu trabajo? ¿Qué carencias específicas crees tú que tienes? ¿Qué te gustaría mejorar? ¿Cómo te comunicas en otros escenarios?

Aquella batería de preguntas me dejó pensativo.

Pronto me di cuenta de que muchas de las soluciones a los problemas las tenía mi equipo. Si era capaz de ser más receptivo, podría cumplir con todas las exigencias de mi departamento.

Simplemente era cuestión de escuchar más y mejor. De pedir más compromiso y de mostrarme más cercano. La importancia de la escucha en mi vida hizo que se abrieran todos mis colaboradores y que cada vez confiaran más en mí.

Descubrí que, en política, todos somos vendedores. Y sobre esto aprendí algo muy importante: que no deberíamos vender nada sin antes vender confianza.

Gracias a esta nueva política de comunicación y confianza, conseguí implementar nuevos métodos en mi gabinete, que se convirtió en una de las dependencias con mayor efectividad de las últimas legislaturas.

En el preciso momento en el que accedí a escuchar de una manera más activa a los demás, un puente se extendió entre mi personal y yo.

Desde ese día cobraron sentido, prácticamente, todas las tareas».

COMENTARIO

El testimonio de Santiago nos da claves para profundizar en las herramientas que hacen posible un mayor acercamiento entre las personas, y una de las más esenciales es la escucha.

Inicialmente, al contratar al *coach,* Santiago desconocía que el objetivo del proceso tenía que ser él, y que sólo él podría aumentar su autoridad con el reconocimiento que hagan de ella sus equipos.

Al final, entiende que ponerse al servicio de los suyos dará mejores resultados, creará lazos de confianza con las personas de su entorno profesional y hará que aumente notablemente su ansiada autoridad.

Autoridad *versus* poder

Estamos acostumbrados a oír estas dos palabras constantemente, pero no con los significados profundos que tienen en nuestra lengua.

Ya los romanos hablaban de *autoritas* como aquella personalidad o institución que tiene capacidad moral para emitir una opinión cualificada, y *potestas* como aquella autoridad que tiene capacidad para hacer cumplir sus decisiones.

Santiago tiene el poder y quiere conseguir la autoridad. Por eso acude al *coach,* creyendo que trabajando con sus equipos ganará esa autoridad que le falta. Y el *coach* le hace ver que sólo la podrá conseguir implicándose él.

El poder, o *potestas*, se lo dan los miembros de su partido al ponerle como cabeza de lista. La autoridad es el crédito que le dan los demás en función de sus actuaciones. Se la ganará con los colaboradores según su coherencia, y con sus votantes en la medida en la que cumpla sus promesas electorales.

EL ARTE DE ESCUCHAR

«Si saben cómo escuchar, llegarán inmediatamente a la raíz de las cosas. [...] Escuchar es enfocar completamente la atención. [...] Si podemos escuchar como si escucháramos el canto de un pájaro en la mañana, entonces escuchar es una cosa extraordinaria, especialmente cuando lo que se dice es algo verdadero. Puede no gustarnos, puede que lo resistamos instintivamente; pero si realmente podemos escuchar, veremos la verdad de ello».

JIDDHU KRISHNAMURTI

La escucha

Carl Rogers, psicólogo humanista, decía: «Escuchar a alguien me pone en contacto con él, enriquece mi vida. A través de la escucha he aprendido todo lo que sé sobre los individuos, las personalidades y las relaciones interpersonales. Lo que he aprendido es que me gusta ser escuchado. Creo que he sido más afortunado que muchos, al encontrar individuos que han sido capaces de escuchar mis sentimientos más profundamente que como los he conocido yo. Sin juzgarme y sin evaluarme».

Efectivamente, la escucha nos acerca o nos aleja de las personas. Y si no lo creemos, pensemos en cómo nos sentimos cuando nos percatamos de que estamos hablando con alguien y no nos escucha.

Pero, ¿qué es escuchar?

PREGUNTAS AL LECTOR

1. ¿Cuántas veces simulas que escuchas, sin hacerlo realmente?
2. ¿Cuántas veces te anticipas y no adivinas lo que viene?
3. ¿Cómo cambia tu nivel de escucha en función de la persona que te está hablando?

Frecuentemente confundimos escuchar con oír. Oír es un proceso físico para el que no necesitamos pensar. Es algo perceptivo que no requiere intencionalidad: podemos oír ruidos, sonidos, susurros y demás. Escuchar, en cambio, es un proceso intelectual y emocional que requiere una interpretación y de una intencionalidad.

Cuando escuchamos, por lo general lo hacemos a través de una pantalla de resistencia que está llena de nuestras experiencias, educaciones y prejuicios. En muchas ocasiones, lo que realmente escuchamos es nuestro propio ruido.

A veces nos damos cuenta de que nuestro cuerpo está presente en la reunión, pero nuestra mente, no. Aparentamos que escuchamos, pero no lo estamos haciendo, o simplemente estamos pensando lo que vamos a contestar. Creemos que es más interesante nuestro discurso que el del otro, pero escuchar realmente es focalizarse en los demás. Escuchar sus emociones y sus silencios, con *la intención de comprender y no de contestar.*

Escuchar es no anticiparse. Es estar presente, no presuponer y no interrumpir.

Nuestro gran problema de comunicación es que no escuchamos para entender, sino que escuchamos para contestar.

LOS 22 «QUÉS». 16.º ¿A QUIÉN HAS ESCUCHADO HOY CON TODA TU ATENCIÓN?

Tal como hemos visto, escuchar es algo más que oír. Es un acto que requiere la entrega absoluta de nuestros sentidos para comprender lo que el otro trata de decirnos.

Una escucha verdadera resulta sanadora para los demás, que se sienten confortados y acogidos, libres de juicios y de interrupciones. Cuando alguien pone sus cinco sentidos en lo que estamos diciendo, dejamos de sentirnos solos.

En este ejercicio, te propongo que analices a quién has entregado hoy el precioso regalo de la escucha. Si no has estado presente al 100 por 100 con nadie, proponte mañana dar esa atención a quien más lo necesite.

17. Fuera de juego

Testimonio de María Berriozar

«Soy directiva de un banco internacional. Lo peor de hacer algo durante demasiado tiempo no es repetir una y otra vez la misma tarea, sino el hecho de que a veces no consigues satisfacción.

Un artista lo hace constantemente y consigue un progreso. Yo repetía y repetía, pero no progresaba. No mejoraba. Y desde luego no emocionaba a nadie de mi entorno. Ni siquiera a mí misma.

Pero hay un día en el que todas las frases que intentas pronunciar te resultan demasiado largas. La gente comienza a no conectar con tu mensaje. Las cabezas se inclinan. Las respuestas se quedan atrapadas entre líneas.

Cuando llegas a este punto, tu teléfono deja de sonar. Tus correos electrónicos no son respondidos en 24 horas. En una palabra: estás fuera de juego.

Después de quince años como directiva en un banco, confiaba en que se reconociera mi labor. Consideraba que debía de ser así porque era lógico, justo, un gesto obligado.

Hasta que un día todo cambió.

Mi jefe directo había decidido crear un nuevo puesto de directora de Innovación. Era algo para lo que me había estado preparando en silencio, como todo lo que hago. Como una hormiguita, siempre reciclándome, siempre aplicando nuevos métodos. Había estudiado en horas libres, por las noches, aprovechando cada pequeño hueco, con la esperanza de que llegara un día como éste.

Así pues, cuando mi jefe me lo comentó, pensé que era para ofrecerme el puesto. Pero lejos de ser así, únicamente quería conocer mi opinión sobre otra compañera.

—¿Otra compañera? ¿Pero quién puede estar más preparada que yo para este puesto?

Me lo decía a mí, que había estado comiéndome todos sus marrones y llevando el departamento yo sola, sin tiempo de ir un puñetero día a depilarme, para que todo el trabajo saliera como a él le gustaba.

Mientras él me hablaba, sus decepcionantes palabras rebotaban en mi cabeza como si estuviera en el baño de una discoteca. Tan pronto conseguí salir de su despacho y me miré en el espejo del servicio, caprichos del destino… mi compañera entró a la vez. La «compañera» que iba a lograr el puesto que nadie sabía que yo anhelaba.

Era diez años más joven que yo, muchísimo más atractiva, con un currículum intachable. Tres idiomas perfectamente hablados.

A mí me sobraba corazón y a ella talla de sujetador.

Su radiofónica voz me deseó un buen fin de semana y sus tacones decidieron marcharse antes de que yo pudiera articular palabra.

Levanté la cabeza y me despedí de sus curvas a través del reflejo empañado del lavabo. Todo se nubló. Los cristales, mis gafas, mi cabeza. Se me nubló el alma.

Estaba furiosa, sobre todo conmigo misma. ¿Por qué no había sido capaz de decirle nada a mi jefe, cuando yo superaba de manera evidente en experiencia, en formación y en conocimientos a esta chica?

Por primera vez en mucho tiempo, sentí que tenía que hacer algo por cambiar el rumbo de mi vida. Clarísimamente había sido ineficaz mi forma de actuar. Necesitaba hacer valer mis capacidades. Así pues, me puse el cuchillo entre los dientes.

Un viernes sin prisa por volver a casa, me dispuse a agradar a Recursos Humanos participando en un seminario *online* voluntario. Como tantas otras veces, decidí refugiarme en cualquier tipo de actividad que me alejara un poco de la sensación de fracaso que invadía mi vida en aquellos días.

Durante ese seminario escuché hablar por primera vez del *coaching*. Tardé unas cuantas semanas en investigar de qué manera podría aplicar esa disciplina en mi vida.

Había algo que me impedía ver la luz, tener perspectiva. Más tarde mi *coach* me aclaró que era mi propio yo: mi pensamiento negativo, mi puñetera creencia limitante.

Uno puede huir de las personas que te hacen daño. De las personas que te invaden con su negatividad. Pero cuando ese círculo de negatividad te lo generas tú misma, ¿cómo haces para salir de él?

La charla de Josecho duró cuatro horas y fui incapaz de moverme de la silla. Rápidamente me puse en contacto con él.

Al contarle lo que me estaba ocurriendo, entendió todos mis bloqueos y supo explicármelo para que yo pudiera comenzar a poner remedio desde muy temprano.

—María… me acabo de leer toda la información que me has mandado, pero te adelanto algo: las personas podemos llegar tan alto como nos lo propongamos. Y vamos a conseguir que tu jefe vea todo tu potencial cuanto antes. No lo dudes.

Paulatinamente, mi enfoque victimista dio paso a una persona cada vez más ambiciosa. Tenía ganas de recuperar el tiempo, pero sobre todo tenía fuerzas para ser mejor y más directa.

Utilicé todo lo que me atenazaba como plataforma. Mi *coach* me hizo ser consciente de mi contexto. Me enseñó a combatir mis flaquezas sin resentimiento. Con la cabeza fría. Y los resultados no se hicieron esperar.

En menos de seis meses no me ofrecieron el puesto que anhelaba, sino que me propusieron que reestructura todo el departamento de innovación, doblando el presupuesto y el personal a mi cargo.

La chica que había promocionado en mi lugar, de nombre Alejandra, no sólo resultó ser una excelente profesional, sino que también fue uno de los pilares en los que construiría mi éxito.

Los celos desaparecieron totalmente en cuanto entendí en qué situación me encontraba y quién era el verdadero responsable de mi peregrinaje en el desierto. Al eliminar al mayor de mis críticos, que era yo misma, todo fue coser y cantar.

Hasta entonces, los demás no me habían llegado a conocer porque yo no se lo permitía. No tenían ni siquiera una imagen negativa de mí. No existía.

Josecho me dijo entonces:

—Prepárate para la fase dos: te saldrán enemigos de debajo de las piedras. Eso querrá decir que ya te conocen. Estoy deseando que empiecen a criticarte. Eso es que estás en el buen camino.

Ahora no me afectan las opiniones negativas. Entre otras cosas, porque he aprendido a valorarme y a hacerme valer.

He aprendido también a humanizar mi vida y a compartirla con los demás. Liderar equipos me obliga a estar acompañada mucho tiempo. Jamás he vuelto a estar encerrada en mí misma. Ése es, sin duda, el triunfo más grande que el *coaching* ha aportado a mi vida: no volveré a estar nunca en fuera de juego».

COMENTARIO

En su testimonio, María nos relata la frustración que siente cuando, después de muchos años en su puesto de trabajo, y ante la posibilidad de conseguir un ascenso, ve asombrada que su jefe escoja a otra persona para asumir esa responsabilidad.

Inicialmente, María se desmorona. Pero poco a poco va desgranando su ira, y va descubriendo que su diálogo interno es su contrincante.

Esa actitud no le ayuda en nada a crecer. Por lo tanto, tampoco le ayuda a demostrar que puede llevar el peso de cualquier cargo más ambicioso. Al final, comprobará que la misma situación que al principio valoró como decepcionante se convierte en una gran oportunidad de desarrollo personal.

«La infelicidad reside en ese hueco
entre nuestros talentos y nuestras expectativas».

SEBASTIAN HORSLEY

Las expectativas

Este testimonio nos enseña lo frustrantes que pueden ser las expectativas. Todos las tenemos, y cada día desde que nos levantamos esperamos que nos sucedan cosas.

Las expectativas son un pronóstico del futuro y pueden ser muy saludables siempre que no sean desproporcionadas. Aun así, crean mucha frustración cuando comprobamos que aquello que estábamos esperando se escapa de nuestras manos.

María aprende en su trabajo con el *coach* que conviene dimensionar las expectativas para que sean lo más ajustadas posible. En este caso, no considerar la existencia de otros rivales para el puesto la hizo tener una falsa expectativa.

PREGUNTAS AL LECTOR
1. ¿Te has preguntado sobre tus expectativas?
2. ¿Sueles revisarlas?
3. ¿Consideras que están ajustadas?
4. ¿Qué sentiste la última vez que esperaste algo y no lo conseguiste, y cómo actuaste después?

El diálogo interno

Aquello que nos decimos pero que no verbalizamos es el diálogo interno. Puede ser positivo o negativo, y de esa forma nos sitúa en una emocionalidad positiva o negativa constantemente.

Tenemos un lenguaje interno continuo del que no somos conscientes. Es un diálogo constante con nosotros mismos, que es importante reconocer para poder descubrir desde dónde actuamos. En función de lo que nos decimos sobre nosotros mismos, sobre los demás o sobre el mundo, nos conducimos por nuestra experiencia personal y vital.

El trabajo del *coach* es acompañar a las personas para que descubran su diálogo interno cuando éste les produzca malestar, y modificarlo si es necesario. Cuando el cliente descubre su diálogo interno, encuentra el verdadero motor de su emocionalidad.

Lo que creemos de nosotros mismos es lo que nos hace ser quienes somos.

«Trata a un hombre como lo que es, y seguirá siendo lo que es. Trátalo como puede ser, y se convertirá en lo que puede ser».

STEPHEN COVEY

El efecto Pigmalión

Cuando enjuiciamos a alguien y le ponemos un adjetivo, le estamos otorgando una etiqueta: *capaz* o *incapaz*, *bueno* o *malo*, *listo* o *tonto*, etc. Tendemos a etiquetar a otros con mucha facilidad, sin darnos cuenta de que con ello podemos generar conductas y pensamientos destructivos. Además, en muchas ocasiones, esas etiquetas están basadas en juicios infundados.

Una etiqueta positiva puede motivar a otros a generar actitudes positivas. Cuando decimos de alguien que es valiente, ayudamos a esa persona a demostrar su valentía.

Es el llamado *efecto Pigmalión* y se produce desde la escuela hasta el trabajo, pasando por las relaciones personales. Según un estudio de Rosenthal y Jacobson, «las expectativas y previsiones de los profesores sobre la forma en que de alguna manera se conducirán los alumnos determinan precisamente las conductas que los profesores esperaban».

Cuando el efecto Pigmalión es positivo, la autoestima y rendimiento del otro aumenta, pero cuando es negativo –cuando tenemos malas expectativas sobre los demás o sobre uno mismo–, conseguimos el resultado opuesto.

Cuando los niños reciben etiquetas negativas por parte de padres o profesores, su desarrollo se ve mermado. Decirle a un pequeñín que es llorón, malo, vago o torpe constantemente hace que actúe de la manera en la que se le está etiquetando, justificando así su comportamiento.

En este testimonio, María etiqueta a su compañera Alejandra como poco válida para el puesto que ella cree que le usurpa, considerando que son sus atractivos físicos, y no sus conocimientos, los que la han hecho llegar tan lejos. Posteriormente, descubrirá que esta misma persona es una de sus mejores aliadas.

LOS 22 «QUÉS». 17.º ¿QUÉ HARÁS HOY PARA HACER MEJORES A LOS DEMÁS?

Según el efecto Pigmalión, que puede ser positivo o negativo, las opiniones y expectativas que tenemos sobre los demás condicionan su autoestima y su rendimiento. Transmitir a alguien –no sólo a través de la palabra– que creemos en sus posibilidades supone un impulso inigualable.

A pequeña escala y de forma inconsciente, todos somos *coach* de otros. Por lo tanto, en este ejercicio te plantearás qué puedes hacer hoy para animar y *empoderar* –esta palabra tan de moda– a alguien que lo necesita.

18. El reconocimiento es el hogar de los grandes

Luis Ardanaz

—A mí ya no me queda nada que aprender.

Ésta fue su frase de presentación mientras me daba la mano. Desde su punto de vista, podía parecer lógico. Luis tenía setenta y ocho años y ya había consumido su vida. O él así lo creía.

—La vejez, Josecho, es cuando el horizonte que tienes por delante es más corto que el que tienes por detrás. Y desde esa premisa, yo ya soy viejo. Así que no te esmeres mucho en enseñarme nada…

Era socio fundador de una empresa familiar y hacía ya varios años que había delegado las responsabilidades empresariales en sus hijos. Su función, en sus propias palabras, era «enredar y trapichear dentro de la fábrica».

Cuando se quitaba la corbata, se dedicaba principalmente a disfrutar de los pequeños placeres de la vida: pasear por el monte, cuidar de su jardín y jugar al mus con sus amigos de siempre.

Visto así, me intrigaba saber qué podría necesitar aquel hombre de mí. Por eso mismo, quise dejar claro desde el principio cuál era mi enfoque en el proceso de *coaching*:

—Luis, yo no enseño nada a nadie. Ayudo a quien me lo pide a que encuentre lo que busca, pero siempre en sus caminos, nunca en los míos. Cada cual tiene su propia senda, y mi cometido es siempre acompañar.

—Entiendo, Josecho, y por eso creo que eres la persona que busco. En realidad, vengo a verte porque soy yo quien quiere dar ejemplo. Ya sé que puede parecer confuso, pero déjame que te explique:

»Tengo cinco hijos. Cuatro de ellos trabajan en la organización. La cuestión es que discuten mucho entre ellos y eso me entristece y me preocupa muchísimo. Creo que la mayoría de estos desencuentros se podrían evitar. Los resultados económicos son muy favorables, las cosas funcionan bien y todos son unos excelentes profesionales. Además, con uno de mis yernos existen diferencias que cada vez están llegando a ser más profundas. He insinuado en varias ocasiones que sería bueno resolver este tipo de conflictos con un especialista, pero ellos se niegan en redondo. Dicen que nadie de fuera tiene que enterarse de lo que se cuece dentro. Su argumento es que «los trapos sucios se lavan en casa», pero lo cierto es que cada vez el ambiente está más enrarecido.

»Por eso he pensado que, utilizándome como pretexto, vengas por aquí a conocer la situación de primera mano y les ayudes a mejorar sus relaciones. A mí ya no me quedan muchos años de vida y quiero irme tranquilo. No quiero dejar como legado un montón de problemas que no hemos sido capaces de resolver.

Luis hablaba con una serenidad asombrosa

—Lo que me cuentas es habitual en las empresas familiares —le comenté—. Todo se puede mejorar… pero si no hay voluntad por parte de tus hijos, yo no podré hacer nada. En fin, yo estoy aquí para ayudarte. Comencemos inmediatamente. En primer lugar, tengo que hacerte una serie de preguntas.

—Adelante —me invitó, animado.

—Dime… ¿Cuándo ha sido la última vez que te has emocionado?

—¡Empezamos bien! —contestó airado—. ¡Y yo qué sé!

—Intenta hacer memoria.

—No me acuerdo, Josecho, no me acuerdo. ¿Es muy importante que te responda?

—Lo es…

—Pues lo siento. No sé cuándo fue la última vez que me emocioné. Y no le veo la trascendencia a esta tontería…

Para que Luis no se sintiera incómodo, preferí cambiar el rumbo de nuestra conversación. Ya llegaría el momento de atacar los frentes abiertos que intuía. Al despedirnos, constaté mis sospechas: no sabía o no quería abrazarme.

El abrazo es un gesto que suelo emplear para medir el grado de implicación de mi interlocutor. En este caso, Luis mantenía los brazos caídos mientras yo envolvía su cuerpo con los míos.

Las semanas fueron pasando. Nuestras conversaciones eran muy amenas. Un día me contaba cómo había escapado de un toro en el encierro de su pueblo; otro, cómo había conseguido levantar el legado que su padre le había dejado, o cómo había sobrevivido al atraco de su oficina por varios encapuchados.

Eran anécdotas y vivencias con las que iba tomando cada vez más confianza. Hablaba sin miedos, señalando a qué experiencia concreta correspondía cada una de sus arrugas. Cómo había comprendido, hacía muchos años, que tenía que pasar el testigo de la empresa a sus hijos; cómo había establecido el protocolo de sucesión; cómo quería a su mujer después de sesenta años juntos, cómo todavía disfrutaba de los olores de su huerta.

Detallaba cómo, en su infancia, jamás su padre ni su madre le habían dicho que le amaban y, sobre todo, cómo quería que fueran sus últimos años… en paz y armonía.

—Desde que vengo a verte, me encuentro más relajado –me confió en la última sesión–. Hablo más con la gente, pregunto, me comunico y en casa dicen que estoy cambiando… a mejor. El otro día intervine en un consejo e intercedí una fuerte discusión entre mi hijo mayor y mi yerno. Resultó, porque estaban acostumbrados a que yo tomara partido, y esta vez no lo hice. Solamente pregunté y ellos pararon su discusión y comenzaron a avanzar. Me siento muy orgulloso de mis hijos…

—¿Sí? –pregunté con asombro–. ¿Y se lo has dicho?

—No, no hace falta… Ellos ya lo saben.

—Luis, no lo saben. Si no se lo has dicho, no lo saben. Pueden intuirlo, suponerlo, pero mientras no se lo digas, ellos no lo sabrán. Si tú estás orgulloso de tus hijos, ¿qué te impide decírselo?

—¡Joder, Josecho! Pues la vergüenza –me susurró.

—¿Crees que decirle a un hijo que estás orgulloso de él es motivo de vergüenza?

—Sí, Josecho, para mí sí. Nunca he sentido que nadie estuviera orgulloso de mí, ni nunca nadie me lo ha dicho. Y tú eres el primer hombre por el que yo me he dejado abrazar.

—Estoy feliz de saberlo, pero por el mismo motivo… ¿No te parece que, si estás orgulloso de tus hijos, es una pena que ellos no lo sepan?

Tras esta pregunta, que quedó en el aire, nos despedimos.

Meses después supe que Luis había reunido a toda su familia –esposa, hijos, hijas, yernos, nueras, nietos y nietas– y se los había llevado a todos a Venecia a pasar unas vacaciones de Semana Santa.

En la última cena en la ciudad italiana, antes de regresar a casa, se levantó de la mesa y dijo:

—Prestadme un poquito de atención, por favor.

Todos callaron y esperaron a que continuara.

—Quiero confesaros algo que me viene acompañando en los últimos meses y que no me he atrevido a decir. –Se puso solemne. Alzó su copa, miró a sus hijos y siguió–: quiero brindar por vosotros. –En ese momento, todos se levantaron de la mesa–. Quiero brindar por lo orgulloso que me hacéis sentir día tras día, porque nunca os lo he dicho y ya era hora de que lo hiciera. Porque soy feliz y porque nos hacéis sentir felices a vuestra madre y a mí.

Dicho esto, fue abrazando, uno tras otro, a cada uno de ellos.

Dos semanas más tarde recibí una llamada en mi móvil. Era una voz que no conocía.

—¿Josecho? Soy Paco, el hijo mayor de Luis de la Empresa Zuazu Hermanos, S. L. No sé qué has hecho con mi padre, pero queremos que nos ayudes a todos. ¿Cuándo puedes venir?

COMENTARIO

Nuevamente nos encontramos con una persona con el foco puesto en que sus hijos cambien. Es decir, *que cambien los otros*. En el transcurso del relato, Luis se dará cuenta de que, para que las cosas mejoren, el primero que tiene que mejorar es él para dar ejemplo.

Al principio de este relato, nos encontramos con uno de los peores enemigos del aprendizaje, la frase: «a mí ya no me queda nada por aprender».

Cuando mantenemos una actitud que no permite incorporar nuevos conocimientos y experiencias, cuando estamos cerrados, la labor del *coach* es hacernos ver que todavía podemos aprender y mejorar nuestros resultados. En resumen, mejorar nuestra vida.

Como colofón de su proceso, Luis reúne a toda su familia y hace algo que hasta entonces no había hecho: reconocer y agradecer todo lo que le aportan. Ése será el verdadero detonante para que sus hijos sigan al líder, que es su padre.

«El aprendizaje es un tesoro
que acompaña a su dueño allí donde va».

PROVERBIO CHINO

Los enemigos del aprendizaje

Las actitudes que nos impiden aprender y avanzar son la arrogancia, la prepotencia, la ignorancia o la inseguridad, que conllevan afirmaciones como: «yo ya sé lo que me hago», «quién es ése para enseñarme a mí», «yo soy así y no voy a cambiar nunca», «si me quieren me tienen que aceptar como soy» o «a mi edad ya no tengo nada que aprender», como el protagonista de este relato.

Todas estas afirmaciones, y algunas más, son los verdaderos enemigos del aprendizaje. Detectarlos y desterrarlos de nuestro programa mental constituye una meta de lo más productiva. Cambiar estas actitudes por sus opuestas es la clave para nuestro desarrollo como individuos, para la superación y el bienestar. Si persistimos en ellas, nos encontraremos limitados, con las puertas cerradas y, en consecuencia, con un progreso estancado.

La escucha activa, la humildad, la consideración al otro, el respeto o las conversaciones productivas facilitarán el acceso al aprendizaje.

PREGUNTAS AL LECTOR
1. ¿Con cuál de los enemigos del aprendizaje te identificarías?
2. ¿Cuándo fue la última vez que has dicho: «yo soy así»?
3. ¿Alguna vez te has parado a pensar en todo lo que tienes?
4. ¿Valoras los gestos que los demás hacen por ti?

El poder de la gratitud

Desde pequeños nos enseñan a dar las gracias cuando alguien nos da algo, como señal de buena educación. Pero no siempre preservamos ese buen hábito cuando nos hacemos adultos.

Tanto en casa como en nuestros trabajos, decir gracias no es un acto tan insignificante como pudiera parecer a priori. Muy al contrario, provoca una onda expansiva muy beneficiosa en los entornos en los que se produce, porque significa que damos valor a lo que los demás hacen.

GRACIAS A LA VIDA
Vivir agradecidos nos hará más grandes y más felices. A mí me gusta mucho tocar con la guitarra la canción de Violeta Parra «Gracias a la vida que nos ha dado tanto». Me parece maravillosa.

Gracias a la vida que me ha dado tanto.
Me dio el corazón que agita su marco.
Cuando miro el fruto del cerebro humano,
cuando miro al bueno tan lejos del malo,
cuando miro al fondo de tus ojos claros.
Gracias a la vida que me ha dado tanto,
Me ha dado la risa y me ha dado el llanto,
así yo distingo dicha de quebranto,
Los dos materiales que forman mi canto
y el canto de ustedes que es el mismo canto
y el canto de todos que es mi propio canto.

Los beneficios de dar las gracias quedan a la vista si observamos cómo mejoran las relaciones. Si no lo hacemos, las personas que nos rodean acabarán desmotivadas y diciendo cosas como: «Hice tal cosa por él y no me dio ni las gracias».

Es inútil aspirar a unas relaciones participativas, en las que nuestra familia o nuestros equipos colaboren si no somos capaces de valorar lo que hacen, reconociendo y agradeciendo sus actos.

Podemos afirmar sin temor a equivocarnos que el agradecimiento contribuye a generar relaciones de gran calidad.

LOS 22 «QUÉS». 18.º ¿QUÉ HAS AGRADECIDO HOY A LAS PERSONAS DE TU ENTORNO?

Como en la canción de Violeta Parra, cada día hay motivos para dar las gracias a aquellos que nos acompañan en el viaje de la vida. A menudo no tomamos conciencia de ello, porque vamos tan atareados, con tantas prisas, que ni vemos lo que tenemos delante. Cuando nos detenemos a reflexionar, podemos apreciar todo el amor, todas las ayudas que obtenemos para que nuestra vida sea más fácil.

Si el día ha transcurrido sin que muestres tu gratitud a alguien, párate a pensar y da las gracias al menos a una persona. Mándale un *whatsapp,* un correo electrónico, llámale por teléfono. Cualquier medio es bueno para celebrar la alegría de avanzar en compañía de aquellas personas que nos hacen mejores.

19. La jaula de los miedos

Juan Irati

Estaba sentado en aquella mesa, escuchando cómo varios consejeros discutían acaloradamente las teorías que el presidente no dudaba en defender a brazo partido. Mi responsabilidad era valorar la forma en que se relacionaban los accionistas dentro del consejo para posteriormente trabajar con ellos.

Juan, que así se llamaba el presidente de aquella sociedad, me había invitado hacía ya varios meses a colaborar.

Habíamos sido compañeros en una organización estatal hacía unos quince años. Pronto descubrí que Juan tenía habilidades difíciles de encontrar en otros directivos. Su carácter tolerante, su empatía, ilusión, motivación y compromiso sumaban valor a su gran capacitación profesional. Si a esto le añadimos que poseía un sentido del humor muy agudo, todo hacía que nos lleváramos estupendamente.

Así estuvimos varios años en los que los buenos resultados nos acompañaron, hasta que una interesante oferta de otra empresa hizo que mi marcha fuera inminente. En una semana ya estaba incorporado en mis nuevas funciones y, dos años más tarde, me había acreditado como *coach* y empezaba a ejercer como tal en mi recién estrenado despacho.

Un día que nos reencontramos, me confesó:

—Josecho, todo ha cambiado mucho desde que tú te fuiste. Quien te ha sustituido es un hombre sin ninguna lógica en sus instrucciones. Han despedido a gente de nuestro equipo y no entiendo las razones. Vamos a la deriva. No me encuentro bien aquí y no encuentro la manera de salir.

—¿Has buscado una alternativa? –le pregunté

—No la he buscado porque sé que no me queda ninguna posibilidad. A mi edad, estoy fuera del mercado. Me tenía que haber marchado cuando tú te fuiste, Josecho, ahora es demasiado tarde.

—Juan, he tenido muchos compañeros y colaboradores en mi vida laboral. Muchos han sido buenos, algunos, muy pocos, muy buenos y los menos, excelentes. Tú perteneces al tercer grupo. Te lo digo con absoluto convencimiento.

—Lo dices porque me quieres mucho, somos amigos y quieres animarme —me interrumpió–. Y, aunque fuera cierto, no sabría por dónde empezar.

—Entonces vamos a hacer alguna sesión de *coaching,* a ver qué descubrimos.

Durante unos meses trabajamos en la búsqueda de un nuevo enfoque a su vida profesional, pero los miedos e inseguridades le envolvían.

—Juan… olvida las creencias limitadoras que no te conducen a nada. Si continuamente piensas que nadie te va a llamar, no realizarás los pasos necesarios para que alguien te llame, y tu teléfono no sonará nunca con una oferta. En cambio, si te mueves y creas posibilidades, te abres al mundo y el mundo se abrirá a ti.

Su escepticismo inicial se convirtió en confianza. Su miedo poco a poco fue desapareciendo y empezó a buscar nuevos retos. Para reforzarlo, fue entonces cuando recordé una frase y un cuento que me habían ayudado en algún momento de duda:

—Juan, hace ya muchos años, cuando estudiaba en la facultad, cayó en mis manos un libro pequeño con una frase admirable. Esta cita me ha acompañado a lo largo de todos los años de mi vida, y dice así: «No vueles como un ave de corral si puedes subir como las águilas». El libro se titula «Camino».[2]

---

2. *Camino,* Ediciones Rialp.

Y añadiendo un poco más le conté el relato del águila y el gallinero, recogido por Lopera y Bernal.[3]

—Un día, un campesino paseaba por el monte cuando encontró un huevo y lo llevó a su gallinero para que las gallinas lo incubaran. Pasado un tiempo, un fuerte aguilucho se confundía entre los otros animales de la granja. Para todos era el polluelo con garras inservibles que se asustaba con facilidad. Comía del pienso que el granjero les echaba y no era capaz de salir del cerco porque tenía muchos miedos. Un día éste vio, cómo un ave, de forma majestuosa y señorial, sobrevolaba el patio. Entonces dijo: «¡Cómo me gustaría ser como ese bello animal!».

»En un instante, las gallinas se empezaron a reír y le dijeron: «¡Ah! qué ilusa eres, pretender ser un águila. Tú eres una gallina como nosotras y, además, soñadora. Pobrecita, sigue picoteando el suelo…».

»Pasados unos meses, por la granja acertó a pasar el nuevo veterinario del pueblo. Al ver al aguilucho, le comentó al granjero: «Buen ejemplar de águila imperial tienes en tu cerca. ¿Qué piensas hacer con él?».

»El granjero le contestó: «Ya no es un águila, ahora es una gallina y se comporta como una gallina».

»El veterinario le rebatió: «Un águila siempre es un águila y nunca deja de serlo. Además, te lo voy a demostrar».

»Agarró al aguilucho y se encaramó a un enorme árbol que había en el bosque cercano. Dejo al ave en una rama, y azuzándole consiguió que se soltara, pero no pudo volar y cayó gritando al suelo.

»El granjero le dijo: «¿Lo ves? No lo conseguirás».

»Pasados unos días, el veterinario volvió a tomar al águila y, esta vez, subió a la montaña más alta. Una vez arriba, se acercó al precipicio y la soltó. En menos de un segundo, desplegó su bello plumaje y se elevó dejando atrás al incrédulo granjero y al satisfecho experto.

Juan me escuchaba atento.

---

3. *La culpa es de la vaca.* Editorial Intermedio, 2002.

—Qué historia tan bonita y tan clarificadora –comentó.

Te animo, pues, a que reflexiones sobre su mensaje. Piensa quién eres y hacia dónde quieres ir. Debes aclarar si eres la gallina que se queda en el corral picoteando el pienso, o el águila imperial que sobrevuela majestuosa los cielos…

Los meses siguientes sirvieron para que Juan empezara a confiar todavía más en sí mismo. La evidencia de los resultados le hacía creer en él, y empezó a agitar sus alas para emprender el vuelo profesional más importante de su vida.

A las pocas semanas, tenía ya varias citas con empresas que habían recibido su currículum, y en unos meses llevaba la dirección general de una importante organización ubicada en Sevilla.

Un año después, creaba su propia sociedad en Madrid con varios accionistas, la misma donde ahora acudía yo, como asesor externo en comunicación…

Hacía tiempo que el águila imperial se había acostumbrado a volar.

COMENTARIO

Esta historia nos habla de un hombre inseguro, que piensa que no va a ser capaz de afrontar su futuro inmediato. Eso es algo que en algún momento de la vida nos puede pasar a cualquiera de nosotros.

Juan quiere buscar una salida, pero no sabe cómo porque se infravalora. Su percepción distorsionada le impide reconocer los valores que posee. Por eso se encuentra enjaulado.

Superar la inseguridad le permitirá tomar las decisiones necesarias, confiando en sí mismo y en su futuro. Cuando toma conciencia de sus cualidades, es entonces cuando logra desarrollar todo su potencial y levanta el vuelo.

> «Un pájaro posado en un árbol nunca tiene miedo
> de que la rama se rompa, porque su confianza
> no está en la rama sino en sus propias alas».
>
> PROVERBIO ORIENTAL

Los miedos irracionales

Cuando es recurrente en el tiempo, la inseguridad es un sentimiento limitante que puede llevar a estados emocionales paralizantes o negativos, como la frustración, la resignación o el desencanto.

El miedo al fracaso, a ser rechazados, a no dar la talla configuran nuestra inseguridad y producen una baja autoestima. Ésta genera un diálogo interno que retroalimenta esas sensaciones y nos impide avanzar.

Estos miedos irracionales, sin una base sólida que los sustente, hacen que no podamos valorar adecuadamente nuestras capacidades. La *coach* Teresa García afirma al respecto: «Dejar de pensar en nuestras limitaciones y darnos cuenta de nuestras capacidades nos hará volar más alto».

PREGUNTAS AL LECTOR
1. ¿Cuántas veces te has dicho a ti mismo: «no soy capaz»?
2. ¿Cuántas veces te has dado cuenta después de que sí lo eras?
3. ¿Cuántas veces te has descubierto motivando a los demás sin ser capaz de motivarte a ti mismo?

Zona de confort

Entendemos por zona de «confort» el ámbito en el que nos encontramos cuando, en el fondo, no estamos dispuestos a cambiar nada. Es la zona donde somos pasivos, desarrollamos rutinas y nos sentimos desmotivados.

Aunque la palabra *confort* tiene connotaciones positivas, eso no significa que sea una zona óptima. Por mucho que nos haga sentir seguros, lo que nos lleva a permanecer en ella es la creencia limitante de que lo que vamos a encontrar fuera es peor que lo que tenemos dentro.

Este temor al cambio hace que sigamos aquel viejo dicho que reza: «Más vale malo conocido que bueno por conocer».

Algunas personas se resisten a acudir a un *coach* por temor al cambio. Saben que tienen que hacer algo, pero no toman la decisión, por el miedo escénico que les supone un cambio en sus escenarios.

En muchas ocasiones pensamos que estos cambios nos van a hacer perder nuestra pequeña seguridad. Pero al abordarlo progresivamente, con pequeñas metas y retos, comprobamos que accedemos a espacios mucho mejores.

Como en una escena de la película *En busca de la felicidad*: «Nunca dejes que nadie te diga que no puedes hacer algo. Si tienes un sueño, debes protegerlo. Las personas que no son capaces de hacer algo te dirán que tú tampoco puedes, pero si quieres algo ve por ello, y punto».

LOS 22 «QUÉS». 19.º ¿QUÉ HAS HECHO HOY PARA LEVANTAR UN POCO MÁS EL VUELO?

Hay muchas ideas limitantes que nos frenan o incluso bloquean, así que un buen trabajo diario es detectarlas para borrarlas de nuestro programa mental. Hecho esto, puedes actuar en el lado opuesto, en el de tus capacidades. Toma conciencia de ellas y plantéate de qué manera puedes desarrollarlas y aprovecharlas, para ponerlas a tu servicio y al de los demás.

Cada idea limitadora enterrada y cada talento desenterrado elevan un poco más el vuelo del águila.

---

20. Al descubierto

Adolfo Murieta

—El reto que te planteo es en una entidad financiera de primer orden –me explicó Laura, directora de una escuela donde yo había enseñado *coaching* ejecutivo–. Tienen serios problemas internos, en especial uno de los directivos más relevantes.

Tal como habíamos pactado, me adjudicaron a Adolfo y Javier, los dos subdirectores generales que más tiempo llevaban en la organización.

Calculé que Adolfo tendría unos sesenta años. Era un hombre serio, muy atareado, como correspondía a su responsabilidad. Me recibió en su despacho, me tendió la mano y, antes de sentarse, cerró la puerta y las cortinas que cubrían sus mamparas de cristal. Me di cuenta de que no quería que se filtrara ningún detalle de nuestro encuentro. Más tarde entendería su actitud.

—Te agradezco de antemano que me permitas estar hoy aquí contigo, Adolfo –le saludé–. Por cierto, ¿sabes para qué estoy aquí?

—Pues no exactamente… Por ahora, solo sé que hemos rellenado unos cuestionarios, cuyos resultados, creo, me vas a comentar.

—Efectivamente. A partir del cuestionario elaboramos un informe e iniciamos el proceso, que persigue la optimización de las personas y de sus capacidades. Para ello detectamos los bloqueos que puede tener una persona y la ayudamos a que los afronte, para que nada le impida conseguir sus metas, tanto organizacionales como personales.

—Dicho así, parece sencillo y apetecible... Bueno, entonces, ¿me vas a leer el informe? –pidió impaciente.

El resultado de aquel informe sobre su estilo de comunicación era demoledor, así que yo debía ser muy prudente a la hora de transmitírselo.

—Por supuesto. Y no sólo eso, sino que lo vamos a desmenuzar, a interpretar y será nuestro punto de partida para trabajar...

—Sí, sí... –me interrumpió–, pero léeme el informe, que quiero saber qué opinan de mí mis jefes y mi equipo. Los demás no me importan.

Sin dejarme agobiar por sus prisas, volví a repasar mis notas y comencé:

—Los resultados son las interpretaciones que hacen los demás sobre tu forma de actuar. No quiere decir que tú seas así, sino que los otros te ven de esa manera. Las respuestas son totalmente anónimas para proteger la identidad de aquellos que te han valorado. ¿Conforme?

—De acuerdo –dijo, nervioso, a la vez que se apoyaba en la silla acariciándose la nuca.

—Tanto tus Jefes como tus iguales consideran que eres un directivo que dedicas muchas horas a estar en tu despacho.

Sonrió triunfante.

—Tus jefes opinan que has bajado algo en productividad, aunque creen que es debido a la proximidad de tu jubilación.

Sonrió... menos triunfante.

—Tus iguales creen que no te prodigas demasiado en conversaciones, que eres un poco parco en palabras.

—Cabrones... –murmuró entre dientes–. ¿Y mi gente? ¿Qué coño opina mi gente?

—Tu gente opina que tienes mucho que mejorar.

—¿En qué y por qué? –Su tono era un poco más agresivo ahora.

—Dicen que no escuchas, que intentas que siempre impere tu criterio, que te pones las medallas de los méritos de otros, que no refuerzas, que no motivas, que no les diriges, que te falta iniciativa y que sólo miras por ti.

—¡Me cago en todo! Ya sé quién ha dicho esto. ¡Hijos de …!

Su voz resonaba ahora en todo el despacho. Se había levantado de su silla como si tuviera un resorte y su mirada buscaba culpables.

—¿Quién diablos, además de ti, tiene ese informe?

—Tranquilo, Adolfo, como ya te he dicho, sólo hay un original y lo tengo yo en las manos.

—Pues ¡destrúyelo! Esto no puede llegar a oídos del consejero delegado. Aún me van a arruinar la jubilación. ¡Cabrones! Toda vida trabajando con ellos y así me lo pagan… Sé quiénes son los dos energúmenos que han dicho eso de mí. ¡Les voy a poner de patitas a la calle! Me voy a encargar personalmente de que salgan a patadas de aquí –concluyó buscando mi aprobación con la mirada.

Le dejé que se desahogara, mientras yo le miraba en silencio. Finalmente le recordé:

—Adolfo, tienes cincuenta y siete colaboradores directos y doscientos cincuenta que dependen de los anteriores…

—¡Júrame por tu vida que ese informe no se lo vas a enseñar a nadie, Josecho!

Para tranquilizarlo, le recordé una vez más nuestro compromiso de confidencialidad. Adolfo se volvió a sentar, todo sudoroso. Se había desabrochado la corbata.

Continuamos hasta finalizar la revisión del informe y quedamos para vernos a los quince días.

Esta vez, noté a Adolfo más tranquilo. Nada más sentarnos, me comentó:

—Creo, Josecho, que no voy a despedir a nadie…

—Lo celebro.

—He pensado que lo mejor será que dimita, que me pongan en un puesto sin relevancia y que pasen otros más jóvenes. Yo ya me empiezo a sentir muy cansado –me confesó en un tono absolutamente vencido.

—¿Lo has pensado bien? Adolfo, marcharte ahora podría interpretarse como una huida. Quizás no es la mejor solución, si me permites decírtelo.

—¡Yo nunca he huido de ningún sitio! –saltó–. Pero si no me quieren y no me valoran, pues me voy y que busquen a otro.

—Adolfo… el enfado y rechazo que sientes es natural, pero quizás sea mejor plantearnos las cosas de otra manera. Es común pensar que damos una imagen y recibir de nuestro entorno otra totalmente distinta. Escucha, Adolfo, escucha a la gente que te rodea… No tienes nada que perder y sí mucho que ganar. Mientras tanto, vamos a analizar la forma en que tienes de comunicarte con los demás, cómo les llegas y qué es lo que los otros interpretan de tus palabras y de tus gestos.

Aquella segunda sesión tampoco fue fácil, pero yo sabía que si él no decaía, conseguiríamos algún objetivo y, con seguridad, mejoras en su actitud.

En la tercera sesión, me sorprendió. Lo encontré en el aparcamiento esperándome.

—¿Qué haces aquí, fuera de tus dominios?

—He venido a decirte que ni despido a nadie ni dimito… He hablado con mi familia y me ha dicho que si eso es lo que aparece en el informe, que tenga humildad para reconocerlo y que rectifique. ¡Necesito que me ayudes, Josecho! –Esto último lo dijo elevando la voz–. ¿Entiendes ahora por qué he salido aquí a recibirte?

Nos quedamos la siguiente hora y media charlando en el jardín que rodeaba el edificio. Le fui haciendo preguntas sobre su trabajo, su estilo de comunicación, sobre cómo delegaba, cómo se organizaba, cómo implicaba a sus equipos, qué sabía de ellos… Admitió que sus colaboradores eran para él unos completos desconocidos. Incluso de alguno no sabía ni su nombre.

—Tu siguiente objetivo, Adolfo, es que paulatinamente te vayas acercando a tus adjuntos directos y te preocupes por saber, por ejemplo, cómo se llaman sus parejas, si es que tienen, así como sus hijos, si hay alguno enfermo, cuáles son sus aficiones, donde pasan sus vacaciones… En fin, Adolfo, que te tomes la molestia de conocer un poco a las personas con las que trabajas diariamente. Ésta será tu tarea.

—Hecho. Se van a quedar todos de piedra cuando me entretenga en preguntarles esas cosas… En fin, pensarán que me he vuelto loco, pero lo voy a hacer.

Un mes después, Adolfo había cumplido su compromiso y tenía en una pequeña libreta un montón de anotaciones con nombres, fechas y datos cuidadosamente ordenados. Además, no sólo averiguó detalles de sus colaboradores, sino que disfrutaba haciéndolo. Se había propuesto entablar diariamente una conversación, aunque sólo fuera de unos minutos, con cada uno de ellos. Empezó a preocuparse por las personas que le rodeaban. Se le veía sorprendido y contento.

Cuando comenzó a contármelo, casi no podía entender lo que me decía, porque se atropellaba al hablar, pero sí podía ver su entusiasmo, su sonrisa… Sentía cómo hablaba de uno y de otro con interés y cariño. Había empezado a ver a personas a su alrededor, en lugar de «empleados» o «gente» sin más.

No podía haber imaginado un mejor comienzo, Adolfo se estaba convirtiendo en otra persona.

Pasaron los meses y seguía siendo un alumno aventajado. No sólo se involucraba en las tareas para lograr nuestros objetivos. También empezó a leer, a interesarse por el *coaching* y a encontrar respuestas a cuestiones que antes ni se había atrevido a plantearse.

Un día me comentó que le gustaría reunirse con sus colaboradores y que quería que yo estuviera presente.

Trescientas personas aguardaban en el salón de actos a que apareciera Adolfo. Estaba nervioso, y me confesó:

—Se me va a olvidar… Creo que me voy a quedar en blanco.

—Tranquilo, Adolfo. Mírame, que yo voy a estar en la sala. Y diles lo que te salga de dentro. Es mejor que no lleves guion. Diles la verdad. Háblales desde la humildad y el respeto.

—Allá voy.

Y salió para sentarse en la mesa presidencial. Estaba solo. Yo me había situado en un lateral para poderlo ver sin mezclarme con los suyos.

—Hola a todos. En primer lugar me gustaría agradeceros vuestra presencia hoy aquí. Como sabéis, hace semanas, meses ya, que en esta empresa venimos trabajando con un nuevo «colaborador», a quien ya casi todos conocéis… Siendo una entidad financiera, resulta que no atendíamos al factor más productivo de la organización, que somos nosotros y algunos más, que hoy no están aquí. Pues bien, como todos sabéis, soy vuestro jefe y he alcanzado cotas muy altas en mis objetivos comerciales, pero me faltaba algo… He vivido de espaldas a vosotros. Por primera vez, debo reconocer que no hubiera llegado a ninguna parte sin la ayuda de todos mis colaboradores, de todos y cada uno de los que hoy me estáis acompañando. Por eso quiero daros las gracias. Para eso os he reunido aquí. Gracias, gracias, gracias…

Sonaron algunos aplausos. Adolfo levantó las manos, emocionado, para que le dejaran continuar.

—Sin pretenderlo, me habéis hecho un fantástico regalo. A través de vuestras respuestas a los cuestionarios, me habéis permitido saber que yo no era la persona que quería ser. Durante demasiado tiempo he vivido de espaldas a mí mismo. Espero tener la oportunidad de seguir contando con todos, tenemos muchos proyectos y necesito vuestra ayuda.

Ahora sí, los aplausos se multiplicaron y Adolfo sonreía.

La reunión había terminado. Se acercaron a saludarle, e incluso alguno a abrazarle. Adolfo estaba pletórico.

Trabajamos más de doce meses y un posterior informe aumentó sensiblemente la media de sus puntuaciones. Pero lo más importante no fue eso. Lo más relevante para mí y, sin duda para él, fue que cuando llegó a la edad de jubilación, por unanimidad entre todos los miembros de su equipo, le pidieron que se quedara dos años más.

COMENTARIO

Ésta es la historia de un hombre que vivía de espaldas a la gente que le rodeaba, atendiendo únicamente a sus propios intereses. Correcto profesional en cuanto a capacitación y aptitudes técnicas, pero con una nefasta actitud para las relaciones humanas, la gestión de equipos, la comunicación y el liderazgo.

La aparición del *coaching,* que inicialmente es vivida por él como una amenaza, brindará a Adolfo una oportunidad única de reconocerse y optimizarse.

> «En un minuto puedo cambiar mi actitud,
> y al hacerlo puedo cambiar el día entero».
>
> SPENCER JOHNSON

Aptitud y actitud

En este capítulo compararemos la «actitud» con otro concepto de parecida grafía, pero de muy diferente significado, la «aptitud».

Leí hace muchos años que *la aptitud es lo que sabes y la actitud aquello que haces con lo que sabes.* Y me pareció algo muy acertado. Diferenciar las dos palabras nos ayudará a entender muchas de las situaciones que ocurren en la sociedad, en las familias y, por ende, en las empresas.

La aptitud es aquel conjunto de capacidades, habilidades, conocimientos y talentos que conforman a la persona. Puede ser adquirida por estudio o aprendizaje, por observación o por comparación.

La actitud es cómo hacemos las cosas y la manera en la que enfrentamos los problemas. El ánimo con el que nos relacionamos. *La actitud es el cómo,* el comportamiento para afrontar determinadas actuaciones. También puede ser aprendida a lo largo de la vida. Por ejemplo, a través del *coaching.*

En muchas ocasiones nos encontramos con personas con altas dosis de aptitud, con muchos conocimientos que luego no son capaces de transmitir porque no tienen ganas de involucrarse o comprometerse.

Siempre que he tenido la suerte de dirigir equipos, he buscado a mi lado gente que tuviera conocimientos específicos sobre la materia que iban a desarrollar. Pero, sobre todo ello, mi gran preocupación era que tuvieran una excelente actitud. Que tuvieran ilusión y ganas.

> «El talento es necesario, pero la ilusión
> es lo que realmente nos hace llegar lejos».
>
> FERNANDO TRUJILLO

En ocasiones, mis asesores consideraban que los candidatos no tenían la suficiente capacitación o, sin más, no llegaban a la excelencia que inicialmente queríamos. Pero yo les contestaba: «No saben, pero quieren saber. Los otros saben y no quieren hacer lo que saben».

Saber y querer hacer lo que sabemos, es primordial en la vida. Ésa es la actitud. Con ella podemos aprender, desarrollar, involucrarnos. Para nada sirve que alguien sepa hacer algo si no tiene la motivación para hacerlo bien. Ilusión y motivación son los motores de la acción.

PREGUNTAS AL LECTOR

Algunas de las preguntas más directas y que formulamos mucho en el *coaching* son:

1. ¿Quién eres realmente?
2. ¿Para qué estás aquí?
3. ¿Cuál es tu objetivo en la vida?
4. ¿Qué estás dispuesto a dejar para conseguirlo?

Autoconcepto

Es la opinión que una persona tiene sobre sí misma. Se forma a partir de las percepciones que captamos de los demás, de aquellos individuos que viven cerca de nosotros o, simplemente, que son capaces de influenciarnos con sus juicios.

Para Carl Rogers, el autoconcepto depende de tres factores:

- Cómo nos vemos.
- Cuánto nos valoramos.
- Cuál sería el ideal para nosotros.

Pero nuestra percepción no siempre está alineada con la realidad, como en el protagonista de este relato. Y no siempre nos vemos como nos ven los demás.

Hay individuos que se sobrevaloran mientras que otros se infravaloran, es decir, que se ven menos capacitados de lo que los demás opinan de ellos.

En el caso de Adolfo, es claro que su autoconcepto estaba absolutamente desfasado respecto a lo que sus colaboradores opinaban de él. Creía que todo lo hacía bien, y que lo que los demás expresaban lo hacían por afán de revancha.

Cuando nos encontramos en situaciones parecidas, debemos hacer un ejercicio de humildad y cotejar estas carencias con el otro para mejorar como personas. Alguien dijo que «lo que nosotros pensamos de nosotros mismos o nos potencia o nos limita».

Como decía el piloto argentino Juan Manuel Fangio: «Siempre hay que tratar de ser el mejor, pero nunca creerse el mejor».

LOS 22 «QUÉS». 20.º ¿QUÉ PUEDES HACER HOY PARA OBTENER *FEEDBACK* DE LOS DEMÁS?

El *feedback*, que se traduce literalmente como «retroalimentación», es la valiosa información que nos dan los demás sobre nuestro trabajo o sobre nosotros mismos. Los grandes líderes siempre están pidiendo evaluación a los demás porque se hallan en un proceso de mejora continua.

Este ejercicio es una invitación a contar con la valiosa contribución de tu entorno —en especial, de las personas que mejor pueden ayudarte— para dar un paso adelante.

Céntrate en una actitud o habilidad que consideras importante y quieres desarrollar, y pide a los demás que te digan sinceramente qué puedes hacer para mejorar. También qué deberías dejar de hacer para ser aún mejor.

Si añades *feedback* a tu vida, el progreso será exponencial.

21. Un físico en el universo de las emociones

Testimonio de Pedro Tafalla

«Durante toda mi vida profesional, he trabajado con personas, siempre en el ámbito de la consultoría: arranques de proyectos, reuniones de seguimiento, diagramas de Gant, procesos, procedimientos, DAFOS… Sin embargo, siempre he tenido la sensación de que quería hacer las cosas de una forma diferente. Me faltaba algo pero no sabía qué. Me faltaba una pieza del puzle, llevaba mucho tiempo buscándola y… la encontré.

Conocí a Josecho en 2006. Un amigo común me había propuesto certificarme como *coach,* porque pensaba que podía resultar de mucha utilidad para la actividad que en esos momentos desarrollaba: resolución de conflictos en familias empresarias. Una tarea que por otra parte continúo realizando… pero de otra forma.

A partir de ese momento, empecé a familiarizarme con habilidades que me resultarían claves tanto en mi vida profesional como personal. Entre otras cosas, por fin comprendí qué hace un físico como yo trabajando con miembros de familias empresarias.

Llevo toda mi vida profesional gestionando emociones, sentimientos, estados de ánimo, problemas de comunicación, expectativas, desarrollando personas y no sabía que, en términos generales, esa disciplina se llamaba *coaching.*

Teniendo en cuenta quién ha sido mi maestro, debería decir que aprendí Joseching.

—Cierra los ojos —me decía—. Visiona cómo ves tu vida dentro de quince años, en el más amplio sentido de la palabra, como si fuese una película. ¿A qué te dedicas? ¿Dónde vives? ¿Con quién compartes tu vida? ¿Cuántos hijos tienes? ¿Los ves casi a diario o simplemente vuelven a casa por Navidad? ¿Cuántas horas trabajas al día? ¿Cómo te sientes físicamente? ¿Cuántos amigos tienes? ¿Hablas en otro idioma que no es el tuyo nativo? ¿Eres empresario o asalariado? ¿Eres feliz?

Después de responder a todo eso, Josecho seguía insistiendo:

—Abre los ojos. Ahora compara lo que has visto con tu vida actual. Si lo que percibes es muy diferente de lo que quieres, ponte manos a la obra y no esperes más. La mayoría de las personas que conocemos se pasan la vida esperando a que pase algo. Al final nunca sucede nada y la vida les rebasa por encima en un abrir y cerrar de ojos. Si quieres algo, persíguelo, lucha por ello y pide ayuda, no cejes en tu empeño y emplea el tiempo necesario. El principal obstáculo para lograrlo eres tú mismo.

Con Josecho aprendí que tendrás la certeza de que lo has logrado, cuando hayas conseguido metas que un tiempo atrás te parecía inimaginable alcanzar. Es entonces cuando te sientes feliz, lleno de energía y entusiasmo, y lo más importante… te apetece compartir tu secreto con los demás y ayudar a cambiar la vida de las personas.

COMENTARIO

Pedro es un profesional en el sector de la consultoría con un inmenso afán de mejora y aprendizaje. Su gran preocupación es encontrar el sentido a lo que está haciendo, de una manera profesional.

Existe el falso prejuicio de que las personas con una gran capacitación técnica son más escasos en habilidades emocionales, como sería el caso de Pedro, que es físico de carrera.

Ésta es una creencia absolutamente equivocada, porque nada tienen que ver unas capacitaciones con las otras.

Pedro encontrará un refuerzo a su trabajo y un sentido en el *coaching*, y desarrollará su carrera a partir de esa disciplina. Esto le permitirá enseñar a los demás a encontrar sus propios caminos, aplicando la teoría de esta apasionante filosofía.

¿Qué debe tener un *coach*?

Muchas personas me han preguntado a lo largo de los años qué debe reunir un profesional para poder dedicarse a esta profesión. En los cursos que impartimos desde Pure Executive Coaching SL y desde Internacional Coaching Asociados, definimos cuáles son las competencias esenciales que debe tener un buen *coach*.

Aprovecho el testimonio de Pedro para explicarlos:

- Un *coach* debe tener, en primer lugar, un afán de desarrollo personal.
- Una necesidad de estar aprendiendo continuamente, para poder transmitirlo luego a los demás, o simplemente aplicarlo a sus sesiones.
- Debe ser íntegro, porque debe ser ejemplar.
- Debe ser honesto, sincero y decir siempre la verdad.
- Necesita ser humilde, porque debe saber mejor que nadie que la solución no está en él, sino en el otro.
- Debe ser auténtico y nunca aparentar lo que no es.
- No debe ser arrogante, por mucho que haga por sus *coachees*.
- Debe ser congruente con su lenguaje verbal y no verbal, para no decir una cosa y expresar otra. Un *coach* no puede confundir.
- Acepta a los demás como personas dignas de valoración y respeto.
- No enjuicia nunca, porque no es juez de nadie ni de nada, y ayuda a clarificar las situaciones con preguntas y nunca con soluciones.
- Es intuitivo y no se conforma con lo que le dicen, sino que busca siempre algo más.
- Transmite confianza, ya que sin ella es imposible elaborar una relación sana, y siempre reta y pide más a su *coachee*.

- Escucha al máximo nivel para entender todo lo que el otro quiere y necesita.
- Comunica claramente, con transparencia, y pregunta con la intención de entender y guiar en la dirección correcta.
- Guía en la elaboración de las metas y las fases de acción, y hace un seguimiento generoso y aplicado.
- Habla para escuchar, y ayuda a resumir para clarificar.
- Es cordial y ofrece siempre un trato agradable a los demás; es cercano, íntimo y jamás crea distancias.
- Reconoce el éxito en los demás y lo celebra como si fuera suyo.

PREGUNTAS AL LECTOR

1. ¿Crees que tienes las habilidades necesarias para ayudar a los demás?
2. ¿Crees que te gustaría hacerlo?
3. ¿A qué esperas entonces para convertirte en un *coach* de tu entorno particular?

El buen *coaching* empieza por uno mismo

Hay una verdad irrefutable en todo lo que tiene que ver con las relaciones humanas: *no podemos ayudar a nadie si primero no nos ayudamos a nosotros mismos.* Hay personas que tratan de dar consejos, cuando su vida es un verdadero caos. A veces son incluso su peor enemigo.

Por todo esto, antes de mirar fuera, en el *coaching* y en cualquier aprendizaje profundo, es importante mirar primero dentro de uno mismo, hacer inventario de errores y aciertos, de todo lo conseguido y lo que nos queda por conseguir. A través de este diálogo interior sincero, sabremos lo que necesitamos trabajar para evolucionar.

«Auténtico es quien ha mirado a los ojos al peor de sus miedos y ya no necesita refugios donde esconderse».

VIDAC, RAFAEL

Un ser humano es una obra en ejecución constante que no hay que dar nunca por terminada. Siempre hay algún ámbito en el que progresar, algo nuevo que aprender, una contradicción que reconocer.

Por eso digo que el buen *coaching* se empieza en casa. Trata de ser la mejor versión de ti mismo y aumentarás tu poder de ayudar a los demás.

LOS 22 «QUÉS». 21.º ¿QUÉ VAS A HACER EN CUANTO TERMINES LA LECTURA DE ESTE LIBRO?

El objetivo de todas las páginas que hemos compartido, querido lector, es hacerte reflexionar para llevar la sabiduría del *coaching* a todos los ámbitos de tu vida. Por eso mismo, la penúltima pregunta de este libro es tan simple como ambiciosa. Toma bolígrafo y papel, o cualquier soporte en el que te sientas cómodo, y deja por escrito el primer cambio o iniciativa que vas a llevar adelante en tu nueva vida.

Gracias por tu talento e ilusión.

22. Volver a nacer

Diego Funes

Era nuestra primera cita. Él estaba postrado en una camilla, boca abajo, en un hospital especializado en paraplejia y tetraplejia. No era su mejor perfil y su ánimo no había cambiado nada desde que tuvo el «accidente». Pero volvamos unos meses atrás.

Yo trabajaba desde hacía varios años con una empresaria madrileña en la mejora de habilidades de liderazgo y comunicación. Su nombre era Manuela. Un día, al finalizar nuestra sesión, me comentó:

—Josecho, mi hermano, que también es empresario, tiene problemas. Le veo diferente y sé que no se encuentra en condiciones de afrontar todas las complicaciones que tiene. Su empresa no va nada bien y, además, con su mujer se lleva cada vez peor. Sospecho que ella le es infiel. Necesito que le eches una mano, por favor.

—De acuerdo, Manuela. Lo conozco. Coméntaselo y yo estaré encantado de ayudarle.

No volvimos a hablar del asunto hasta pasados dos o tres meses, cuando ella volvió a la carga.

—Josecho, necesito que veas a mi hermano Diego, pero tenemos una pega. No quiere ni oír hablar de ponerse en manos de nadie. Dice que soy una exagerada, que se encuentra muy bien y que no quiere *coaching*. Me gustaría que trabajase contigo. Sé que puedes ayudarle mucho, y estoy tan preocupada…

—Lo aprecio mucho, Manuela –contesté con cariño–, pero para que un *coach* pueda intervenir, la persona tiene que estar comprometida con los retos, tiene que dejarse ayudar. Si él no quiere, yo, como profesional, no puedo hacer nada.

Volvieron a pasar dos meses más hasta que, una tarde que me encontraba reunido con unos colegas, mi pantalla del móvil se encendía y aparecía el nombre de Manuela. Anulé la llamada para no faltar al respeto a mis compañeros, pero unos segundos después la pantalla volvió a iluminarse. Tuve que volver a anular su llamada hasta tres veces más.

Entendiendo que era algo urgente, pedí excusas y me retiré a una sala contigua para llamarla.

No hizo falta que marcara ningún número, ya que mi teléfono sonó inmediatamente. Era ella. Sus palabras eran aceleradas, ininteligibles. Balbuceaba entre sollozos. No podía entender casi nada de lo que decía, solamente, Diego, Diego, Diego…

—Manuela ¿qué ocurre?, ¿le ha sucedido algo a tu hermano? –pregunté preocupado.

Calmó un segundo su angustia y, como un mazazo, me soltó:

—Diego se ha tirado por la ventana de su casa.

Me quedé mudo. Sólo se oían su tristeza y sus gemidos.

—Está gravísimo en la UVI. Josecho, se puede morir en cualquier momento. ¿Qué vamos a hacer ahora? Es mi hermano pequeño. ¿Qué va a ser de mi madre? ¿Cómo se lo vamos a decir? –Dejé a Manuela que se desfogara, prestando mucha atención a todo lo que me decía–. Ha sido de un quinto piso, Dios mío. No va a salir de esta, Josecho. Y sus hijos. ¿Qué va a ser de ellos?

—Estoy aquí para ayudarte –la calmé. Su desolación me envolvía. Tuve que hacer un ejercicio para controlar mi emoción que ya afloraba a mi voz–. Si quieres, voy ahora mismo al hospital y te acompaño a casa de vuestra madre.

—No, Josecho. Gracias, pero voy a subir a la planta. En breve iremos a buscar a mi madre. Seré fuerte. Él me necesita. En realidad, me necesitan todos.

—Probablemente tu hermano es un hombre más fuerte de lo que crees, Manuela. Confía, por favor, confía…

Los días y semanas siguientes, Diego batalló por su vida. Luchó y luchó. Fueron muchas operaciones que revelaron que era un auténtico ganador. Lo sé porque hablé con los médicos, psicólogos, psiquiatras, cirujanos, fisioterapeutas y un largo etcétera de profesionales que le trataron, y todos me dijeron lo mismo: «De cada mil personas que caen de esa altura solamente sobrevive uno, y ése ha sido él. Diego tiene estrella».

Diego pasó dos meses debatiéndose entre la vida y la muerte en la UVI, de los cuales uno estuvo en coma. Y diez meses más en el hospital al que le llevaron después del «accidente», ya que ésa fue la versión que contaron a sus allegados, que se había caído de la azotea a causa de un mareo.

Cuando por fin salió del hospital no fue para su casa, como hacen otros pacientes cuando les dan el alta, porque Diego no salió caminando, sino en una silla de ruedas. Ya no podría caminar nunca más. Fue directo al hospital de parapléjicos de Toledo.

Y de nuevo Manuela me llamó por teléfono:

—Josecho, necesito que veas a mi hermano.

—Manuela, ya lo hemos hablado muchas veces…

—Pero esta vez es distinto, Josecho. Ahora sí quiere verte.

Como contaba al principio, lo encontré boca abajo en una camilla. Debido a los largos períodos de inmovilización, le habían salido escaras y habían tenido que intervenirle.

Me arrodillé para poder mirarle a los ojos.

—Hola, Diego.

—Hola, Josecho. –Me dio la mano–. Gracias por venir.

No parecía muy entusiasmado ni con mi presencia ni con la presencia de nadie. Era como si hubiera tirado la toalla.

—No sé si es buen momento para conocernos –me dijo.

—¡Es el mejor! –repuse con fuerza.

—Tampoco sé si servirá de algo que trabajemos juntos, pero Manuela ha insistido tanto en que nos viéramos, que no quiero contrariarla.

Estuvimos hablando un rato de temas sin mayor trascendencia: del hospital, de las enfermeras que le atendían estupendamente, de sus sucesivos compañeros de habitación, de su pasión por el deporte… En un momento determinado, me dijo:

—Quiero trabajar contigo, Josecho. Lo único que te pido es que esperes a que me recupere y comencemos cuando me pasen a la silla de nuevo. ¿Ok?

—Así será, Diego. Espero tu llamada.

Y llamó.

Nos volvimos a ver, pero esta vez fue diferente. Estaba sentado en una silla de ruedas en un pequeño parque ubicado cerca del sanatorio.

Me senté a su lado y le expuse:

—Diego, casi no nos conocemos. Ésta es nuestra primera sesión de *coaching* y tengo la intención de trabajar duro. Vamos a ir de la mano, y quiero decirte que no necesito saber qué te llevó a hacer lo que hiciste, pero yo soy muy directo…

—¡Dispara!

Dejé un breve espacio de tiempo, para que se preparara para mi pregunta y le pregunté muy serio:

—¿Si pudieras volver atrás… lo intentarías de nuevo?

Se quedó pensativo durante unos segundos. Me miró a los ojos y me dijo:

—No.

—¿Estás seguro de tu respuesta?

—Sí, pero ¿por qué me lo preguntas? –contestó casi enfadado.

—Porque yo trabajo con gente que quiere luchar y salir adelante, con gente que quiere ganar. No trabajo con gente que no pelea y que prefiere perder a sufrir. Trabajo con personas que batallan por cada objetivo día a día sin descanso. Por eso, si me dices que lo vas a volver a intentar, entonces te envío al psiquiatra y me voy. Pero si quieres seguir adelante y competir, yo te voy a acompañar hasta los acantilados más temibles y abruptos, para volar y llegar lejos juntos. No va a ser fácil, debo serte sincero. Pero si lo logramos, cuando salgas de aquí serás otro hombre. Quiero al Diego que piensa en sus hijos y en él mismo como ganador.

Se quedó unos instantes callado antes de decirme:

—Yo… me quería matar Josecho.

—¿Y ahora?

—Por absurdo que pueda parecer, ahora quiero vivir. ¡Quiero vivir!

—Entonces adelante, adelante, adelante… –le animé.

—Pero tengo miedo a no saber hacerlo. Mis piernas ya no me sirven ni para ponerme en pie. Voy a estar atado a esta silla de ruedas para siempre.

Diego tardó otro año más en salir del hospital. Allí elaboramos juntos planes de acción que llevó a cabo paso por paso. Fortaleció los músculos, principal motor de su silla. Trabajó sus emociones, analizó y venció sus pensamientos negativos y sus miedos.

Charlábamos horas y horas de sus proyectos, de sus sueños y de sus ilusiones. Cada vez estaba mejor. Jugábamos con sus compañeros parapléjicos al baloncesto y todos se reían de mí al comprobar que yo era incapaz de encestar desde la silla.

Con Diego aprendí que a una persona que está en esa situación se le debe hablar posicionándonos a la altura de sus ojos. Nunca desde arriba, de pie.

En una ocasión, una de sus hermanas me comentaba, delante de él, que era un quejica, que se estaba volviendo un vago, etc. Y Diego me miraba sonriendo. Sabía lo que yo le iba a contestar, habíamos trabajado a fondo la empatía.

—Luisa, siéntate, por favor, en el sofá. –Lo hizo y quedó mucho más abajo que yo, entonces empecé a reprenderle en voz muy alta–. Como tú me ves ahora, es como tu hermano te ve a ti desde su silla. Si no haces un ejercicio de empatía y te pones en su lugar, no vas a entender nunca por qué no avanza, o por qué a veces vaguea y remolonea.

Diego asentía con la cabeza y me guiñaba el ojo.

—Eso, eso, pasea un ratito con este trasto y verás qué altos son todos lo que te hablan.

Diego trabajó muy duro. Volvió a su negocio, adaptó su vehículo y se examinó de nuevo del carnet de conducir. Se separó de su mujer, se compró una casa en un bajo con jardín y empezó a competir en una disciplina deportiva a nivel nacional. De repente, miraba al horizonte con otra cara. La cara de la esperanza.

En una de nuestras últimas sesiones, cuando ya nos habíamos despedido, giró su silla hacia mí y me dijo:

—Dame un abrazo, Josecho. Fuerte, muy fuerte.

Nos abrazamos, tal como él quería.

—Quiero que sepas que si te hubiera conocido antes… no me habría tirado.

COMENTARIO

El relato de Diego nos habla de una historia muy dura. La desesperación le lleva a tomar una decisión de dramáticas consecuencias.

En este caso, el protagonista está tan encerrado en sí mismo y en sus problemas que desoye la continua ayuda que le ofrece su hermana. Se ve autosuficiente, aunque el tiempo le demostrará que no posee la estabilidad necesaria para afrontar y solucionar los baches que se encuentra en el camino.

Tiene que caer hasta el abismo más profundo para pedir ayuda e iniciar un largo camino hacia la reconquista de la vida y de sí mismo.

«Si ayudo a una sola persona a tener esperanza
no habré vivido en vano».

MARTIN LUTHER KING

La ciencia de la esperanza y la superación

Hablar de *coaching* es hablar de esperanza, son dos conceptos que van de la mano. *Tener esperanza es tener confianza y creer que podemos lograr algo*. Por el contrario, la desesperanza nos cierra todas las puertas. Nos aparta de la felicidad y nos cierra los ojos a cualquier atisbo de luz.

En cada uno de los capítulos que hemos compartido, en cada aventura humana hemos hablado de esperanza sin nombrarla. Es un poder que actúa como una antorcha que ilumina el camino de cada uno.

PREGUNTAS AL LECTOR
1. ¿Qué puedes hacer para aumentar tu esperanza?
2. ¿Qué sientes realmente cuando ves a alguien que ha perdido la esperanza?
3. ¿Cuándo fue la última vez que te superaste para alcanzar algo que deseabas con mucha fuerza?

Pero no basta con la esperanza. Cuando queremos alcanzar diferentes cotas en nuestra vida, necesitamos superarnos, y eso requiere esfuerzo, reflexión y planes de acción.

La esperanza y la superación son inherentes al *coaching*, y es imposible entender esta disciplina sin estas dos características que la sustentan.

Diego pronto es consciente de que va a necesitar grandes dosis de superación y de esfuerzo para comenzar su nueva vida, y es por ello que recurre al *coaching* para que le acompañe en ese proceso.

La preparación física a la que se somete debe ser complementada con la motivación necesaria para mover el verdadero motor de su silla de ruedas, que es su afán de superación.

Armándose de afán de superación es poco lo que el ser humano no puede alcanzar, si le dan la mano.

«Debes hacer las cosas que piensas que no puedes hacer».

ELEANOR ROOSEVELT

Un viaje interno

A punto de cerrar este libro, quiero compartir unas cuantas notas de la mano del propio Diego a lo largo de su proceso:

«"Los límites te los pones tú mismo. Es un largo proceso", esta otra frase me la dijo José Miguel, parapléjico cincuentón que apareció por mi planta para cumplir una revisión rutinaria. Las enfermeras del turno le pidieron que hablara conmigo, que acababa de llegar de "agudo" (término que se emplea para describir a los pacientes más delicados). Entendí que su cometido era animarme. Simplemente el hecho de tener frente a mí a una persona con una lesión medular muy similar a la mía, ver el aspecto tan saludable que tenía tantos años después de su día fatal, debería haberme levantado el ánimo. O al menos haber proyectado un halo de esperanza en mi ya maltrecho estado de anímico. Si él estaba así, yo, con el tiempo podría igualarle y tener el estupendo y vigoroso aspecto que exhibía. [...]

Al principio vivía boca abajo y era una experiencia muy dura que puso a prueba mi paciencia y muchas cosas más. Como esperaba un largo período de una manera tan incómoda, tomé la firme decisión de dormir el mayor tiempo posible. Tiempo que dormía, tiempo que ganaba, tiempo que pasaba, tiempo en el que no pensaba, tiempo muerto.

Josecho entró en mi vida interrumpiendo uno de esos "tiempos muertos". Reaccionó airoso a un par de bromitas cargadas de humor negro que le lancé. Comprobé con agrado que tenía temple, chispa y flema a la vez. Su conversación me hizo comprobar que hablábamos el mismo idioma. [...]

Cuando terminó la primera sesión, ya en la silla de ruedas, me di cuenta de que la cosa iba en serio: primera reunión y ya tenía un montón de tareas.

Tareas de las complicadas, de las que te hacen escribir tras pensar, reflexionar, desnudarte emocionalmente y descubrirte a ti mismo. Un viaje interno y profundo a tu propio yo. [...]

Los objetivos fueron cumpliéndose poco a poco y la satisfacción personal era muy gratificante. Actuábamos como equipo y entendí de pleno lo que para mí significaba el término coach, *como bien llaman los anglosajones a su entrenador, "el míster" en términos futbolísticos. Para lograr dichos objetivos diseñábamos distintas estrategias con el fin de llevarlos a cabo midiendo los tiempos, la importancia y la urgencia.*

Josecho me enseñó a darme tiempo, a ser más coherente conmigo, mismo, y a la vez, a comprender que aquella frase de José Miguel tenía todo el sentido del mundo».

LOS 22 «QUÉS». 22.º ¿QUÉ MOMENTO ELIGES PARA EMPEZAR A CAMBIAR TU VIDA?

Hemos recorrido un largo y fértil camino juntos. Llegados a este punto, sólo me queda despedirme y desearte un bello viaje lleno de progresos y descubrimientos. En esta última pregunta, lo último que debes responderte es cuándo vas a iniciar tu nueva vida, la aventura personal que te espera al otro lado de tu puerta, de tu zona de confort.

No dudes que el mejor momento es *ahora*.

Epílogo

Quiero terminar esta aventura compartida explicando el origen del título de este libro.

Conocí a Javier hace ya muchos años. Trabajaba en la empresa de su familia como coordinador de departamentos. No tenía estudios universitarios, pero sí una gran sabiduría y mucha humanidad. Había sido músico callejero en París y superado una adicción a las drogas.

Cuando nuestro proyecto de *coaching* ya finalizaba, en nuestra última sesión me preguntó:

—Josecho, ¿qué es para ti un *coach*? Pero no me contestes con esas típicas definiciones de libro. Cuéntame algo que te salga de dentro.

Me quedé pensativo unos segundos y finalmente contesté:

—Para mí un *coach* es quien te ayuda a encontrar el interruptor de la luz de la habitación en la que tú te encontrabas a oscuras.

—¡Qué buena! ¿Es tuya? –me preguntó.

—Sí. No recuerdo haberla leído antes, aunque prácticamente todo lo que expresamos tiene referentes en algún lugar. ¿Y para ti, Javier? ¿Qué ha significado para ti esta experiencia?

—Para mí, Josecho, has sido como un masajista de almas…

Me quedé perplejo, sin palabras y muy emocionado.

—Es la primera vez que alguien me define así. Me parece muy bonito, Javier. Me alegra saber que has vivido el *coaching* de esa manera. Por eso, te voy a hacer una promesa… Si algún día escribo un libro, llevará el título con el que tú hoy me has bautizado.

Al terminar de redactar estos relatos, le llamé por teléfono. Habían pasado casi diez años. Cuando le hice memoria de mi promesa, se puso a llorar y dijo:

—Josecho, ¡si yo casi ni me acordaba de aquello que hablamos!

—Pero yo sí.

Acerca de *El masajista de almas*

«¡Feliz *joseching*! Querido lector, no se preocupe, que esto no es ninguna teoría o técnica indescifrable. Se trata, simplemente, del modo de hacer *coaching* de Josecho.

Al leer los relatos y testimonios de este libro, se habrá dado cuenta de que todos tenemos creencias que nos limitan, bloqueos que no nos dejan avanzar y miedos que nos apartan de nuestra felicidad. El solo hecho de tomar conciencia de ellos es el primer paso para mejorar en todos los aspectos de su vida.

Estoy convencido de que, tras la lectura de *El masajista de almas*, encontrará un nuevo camino, una luz le hará más feliz… como me ha sucedido a mí».

Filipe Osòrio de Castro
Administrador de INVESTOC SGPS
y de la Fundaçâo Rui Osòrio de Castro

«Como observador externo, Josecho aporta algo diferente a todo lo escrito, y sobre todo, transmite las experiencias que ha vivido con sus *coachees,* para transformarlas en algo útil que pueda servir de apoyo a otras personas.

No es necesario disponer de conocimientos previos sobre la materia para extraer de este libro conclusiones útiles y aplicarlas a nuestras vidas.

A través de cada uno de esos relatos se percibe que en esas vidas se ha producido una transformación extremadamente positiva que puede emular al lector.

Éste es un libro para reflexionar y extraer conclusiones para nuestras motivaciones, deseos e inquietudes más personales. Es un libro para compartir, para esclarecer aquello que nos limita y mejorar hasta convertir nuestra vida en una experiencia maravillosa, intensa y plena.

Espero que lo disfrute tanto como yo lo he hecho».

PEDRO REGUEIRO,
MD Partner, de RMA Asesores de Familias Empresarias

Agradecimientos

A Filipe Osorio, por promover y hacer posible este sueño.

A Pedro Regueiro, por su constancia y confianza en mis proyectos.

A Nacho Adorna, por su amistad, dedicación y entrega incansable.

A Roberto Morales, por su firme apoyo.

A María Teresa Lozano, por su visión crítica y enriquecedora.

A Tanja Kindling, por su implicación y su entusiasmo.

A mis colegas Gemma Rovira, Loreto Laguna, Eva Correa, Jaime Trabuchelli, Berta Vargas, Mayte Chelle y Borja Milans, por su enorme respeto y su incuestionable profesionalidad.

A Teresa, por su complicidad, su compañía y su aliento.

A todas las personas que aparecen en este libro y que han colaborado con sus testimonios, por su confianza, valentía y generosidad.

Índice